Das Denken beginnt mit dem Lachen

DIE UNSTERBLICHE KULTUR DES IRAN

Das Denken beginnt mit dem Lachen

Die unsterbliche Kultur des Iran

Manuchehr Jamali

Gita Yegane Arani-May

KURMALI PRESS

LONDON

1. Auflage · 2009
© 2009 by Gita Yegane Arani-May, Bundenweg 7, Frankfurt am Main
© 2009 in Lizenz Kurmali Press, London
Zeichnung Umschlagvorderseite: Farangis Yegane
Umschlag: Farangis Yegane, Gita Yegane Arani-May
Satz: John Baskerville, Times New Roman
Printed in Germany ISBN 1-899167-03-X

www.jamali-online.com
www.simorgh.de

Inhalt

Prolog: Die Freude und die Erkenntnisfähigkeit sind in der Natur des Menschen in vereinter Weise vorhanden ... 1

Der Iblis des Koran ist die iranische Gottheit Artha gewesen, 10. - Der iranische Gott bringt den neuen Gott jeden Tag dreimal durch seine Kritik zum Lachen, 13.

1. Das menschliche Leben als ein Entflammen des Feuers: Wie die Iraner das Menschenleben deuteten ... 16

2. Die Einheit und die Vielfalt galten in der altiranischen Kultur als zusammengehörend ... 22

   Der Same und die Ähre, 22.

3. Jeder Mensch ist ein Same der göttlichen Ähre. Die Menschheit ist eine Ähre (Gott, *Artha-Khuscht*) ... 29

4. Die Schaffung der Welt als ein sinfonisches Zusammenspiel: Die Welt als ein Haus des Festes ... 38

5. Die Menschen brauchen keinen Feuerbringer – weder einen Prometheus noch einen Zarathustra ... 45

   Der Mensch ist in der iranischen Kultur selbst ein „Same des Feuers", deshalb entwendet er das Feuer weder selbst, noch muss er auf einen Feuerbringer warten, 45.

6. Zarathustra reißt die Wurzel des Menschen aus Gottes Boden heraus, aber betrachtet das Getrenntsein des Menschlichen vom Göttlichen als die Ursünde des Menschen ... 54

7. Erkenntnis und Licht sind das, was am ‚menschlichen Baum' wächst ... 63

   Erkenntnis ist Schwimmen, 66. - Die Erkenntnis und das Durchwandeln des Menschen durch den Fluss (Weh-Daiti), der aus dem Lebenswasser von 5 Göttern zusammenfließt, 71.

8. Vernunft (*Xrad*) offenbart sich durch erschütternde Anstöße des Lebens ... 74

9. Der Mensch als der Schlüssel, der alle Schlösser der Welt öffnet ... 85

Die Xrad als Lebenswächter und Schlüssel, 88. - Die Schöpfung ist in der arthaischen Weltanschaung die Weltwerdung oder Hauswerdung Gottes, 90. - Der menschliche Leib ist der hausgewordene Gott, 93. - Die Natur des Menschen besteht aus 5 Göttern, 95.

10. Das Tor zu Bahmans Burg. Wer dieses Tor ohne Drohung und Gewaltanwendung öffnet, ist dazu legitimiert zu regieren ... 100

Bahmans Burg ist die Schahr-Xrad, 103. - Die Stein-Gottheit oder das Assan Bagh, 107. - Die Wolke und der Blitz sind ein Sang (Stein). Der Mensch ist der Empfänger des Götterfunken (Blitz) und kein Empfänger des Lichts eines Lichtgottes, 110. - Wie der Mensch seine Ursprünglichkeit verliert, 117. - Bahman, die Assan Xrad (die verbindende Vernunft) und der Zorn, 122. - Der Zorn (Aeschma), das Zerreißende, 124. - Bahman – das Assan Bagh oder die Assan Xrad – ist der Initiator der Bewegung, des Lichts (Erkenntnis), des Gesetzes (Ordnung, Staat) und der Freiheit, 126. - Die Spontaneität und das Erleben der Weite als Freiheit, 128. - Die Spontaneität zeugt von der Ursprünglichkeit des Menschen und der Welt, 131. - Das Haus und der Brunnen, 133.

11. ‚Rostam und Sohrab' ... 138

Die Idee vom „Maß" als gestaltende Kraft in der altiranischen Weltanschauung, 138. - Rostams Kampf mit Sohrab, 142. - Das Maß, Andaze, sah man in der alten sprachlichen Bedeutung als Ursprung der Schöpfung. Das Andazeh (wortwörtlich ≈ „miteinander laufen") ist die Quelle des Jugh, dessen Sinnbild das Gardune, der Pflug den zwei Tiere zusammen bewegen, ist, 144.

12. Molavi Balkhi (Rumi) und die Wiedererscheinung von Simorghs Tochter Ram, der Göttin der Musik, des Tanzes, der Dichtung und der durch die Suche und eigenen Erprobung erlangten Erkenntnis ... 159

Über die Autoren ... 169

Die Freude und die Erkenntnisfähigkeit sind in der Natur des Menschen in vereinter Weise vorhanden

Dass in der Natur des Menschen Freude und Erkenntnis vereint vorhanden sind, bildete als Gedanke die Grundlage der iranischen Welterfahrung. Dem Menschen ist es in der Welt möglich, anhand seiner suchend-ordnenden Vernunft (der *Assan-Xrad*) einem fröhlichen und heiteren Leben den Weg zu bahnen.

In den Pahlavi-Schriften (dem Wizidagīhā-ī Zātspram oder den „Auswahlen des Zatspram") erfahren wir, dass die Gottheit Vohuman (die auch Bahman und Human genannt wird) sich bei der Geburt Zarathustras in ihn „hineingemischt" und mit ihm „vereinigt" hat, und dass Zarathustra daraufhin lachte. Dies nun ist kein besonderes Ereignis gewesen, dass nur einem Auserwählten zugedacht worden wäre, sondern diese Begebenheit reflektierte die ursprüngliche Weltbetrachtung der Iraner insgesamt.

In die Welt zu kommen und geboren zu werden betrachtete man als die höchste Form der Lebensfreude. Das Gebären selbst ist das Lachen oder das Erblühen. Man spricht im Iranischen noch heute von den „lachenden Blumen", den „lachenden Pistazien", dem „lachenden Granatapfel"; die grüne Wiese ist ein Lachen der Erde. Das Kind weint bei der Geburt, weil die höchste Freude ins Weinen umschlägt. Diese Vorstellung machte die Grundlage der iranischen Lebensphilosophie aus und stand für den höchsten Wert den man der materiellen Welt zuordnen konnte.

Die Gottheit Vohuman, die Urquelle des Denkens, wurde im Volksmund *Bazmuneh* genannt. Der Name war ein Ausdruck eines allgemein geläufigen und vorherrschenden Ideals im Denken: *Bazmuneh* ist das Prinzip der ,fröhlichen, sich beratenden und miteinander denkenden Versammlung (*Bazm*)'. Die Worte *Baz* und *Bazm* zeigen die Beziehung an, die der Prozess des Gebärens oder der Geburt mit dem Denken und der Freude hat. Im Kurdischen heißt *Baz* „Mutterleib", *Bazaw* ist „die Bewegung" und *Bazan* „der Wissende".

Im Gegensatz zum monopolhaften Status des Lachens bei der Geburt des Zarathustra, dachte man in der frühen Vorstellungswelt des Iran, dass es sich auf so eine Weise bei allen Menschen belaufen würde, denn Vohuman (Bahman) verkörpert den schöpferischen Denk-Urgrund in jedem Menschen. Das Gebären und das in die Welt kommen, beides sah man als ein Existenz-Erblühen oder als ein ,Entflammen' eines göttlichen Feuersamens im Menschenleib an. Das „Blähen" der Seele und des Leibes in Freude wurde gleichgesetzt mit dem Lachen.

Dieses Lachen beinhaltete keineswegs das über-jemanden-Lachen oder ein über etwas das außerhalb des eigenen Wesens liegt zu lachen. Das Lachen tritt stattdessen im Erscheinen der eigenen Lebensfreude auf, die von einem gleichzeitigen Aufgehen der Lichtstrahlen begleitet ist. Die Gottheit Bahman (Vohuman) nun verkörpert das Prinzip und die Quelle des fröhlichen Denkens in der Natur des Menschen. Und als untrennbare Zwillinge, fassten das Denken und die Freude den gesamten Leib des Menschen mit ein, und sie wurden als im Menschen naturhafte Phänomene betrachtet.

Mit der Monopolisierung des Lachens, das durch die Verbindung mit Vohuman entsteht, und mit der Reduzierung allein auf das Erlebnis Zarathustras als ein einmaliges und besonderes Vorkommnis, wurde die Ursprünglichkeit des Menschen an sich durch den Zoroastrismus aufgehoben. Man negierte damit die frühe Vorstellung über eine Untrennbarkeit des Zusammenhangs zwischen der Freude und der Erkenntnis.

In den Lehren Zarathustras und später im Islam wurde die Verbindung von Freude und Erkenntnis zergliedert und beides als sich widersprechende Dinge aufgefasst. Der fundamentale Gedanke der Verbundenheit beider Elemente blieb aber unzerstörbar ein vitaler Impuls sowohl in der iranischen Kultur als auch im alltäglich gelebten Leben im Iran. Und so konnte es auch dabei bleiben, dass sich der Widerstand gegen die Formen der Herrschaft über den menschlichen Geist gleich einem unermüdlichen Ringen um die klare Luft des eigenen und ursprünglichen Freiheitsbegriffes fortsetzten konnte.

In den Gathas zeigt Zarathustra im Bild der klagenden Urkuh (*Aevo-daata*), die das Allleben in der Welt (*Geusch-Urvan*) verkörpert, das Unvermögen des Wesens sich gegenüber dem Leid das im angetan wird zu schützen und das Tier ruft nach einem der ihm hilft und es von seiner Pein erlöst. Dieses Urwesen kann sich nicht mittels der eigenen Kraft befreien, geschweige denn jemals eine eigene Freude erlangen. Es ermangelt *dem Leben* an der Fähigkeit sich gegenüber dem ihm angetanen Leid zu erwehren.

In einer durch die zoroastrischen Mubeds (das sind die zoroastrischen Priester) uminterpretierten Form, begegnet uns dieses sehr frühe Motiv im Schahnameh wieder in der Erzählung über den König Jamschid, und der entscheidende Punkt tritt hier weitaus deutlicher hervor.

In der altiranischen Kultur ist Jamschid (Yima) der Urmensch gewesen, der mit seiner eigenen *Xrad* (≈ Vernunft) und seinem eigenen Handeln die „fröhliche" Zivilisation in der Welt errichtet und so das Paradies auf Erden verwirklicht. Die zoroastrische Theologie reduzierte seine Rolle des Urmenschen auf die des Königs, womit sichergestellt werden konnte, dass man sich nicht mehr mit ihm identifizieren würde, sein ursprüngliches Bild war immerhin das Abbild der Natur des Menschen gewesen – doch nicht in der Funktion eines bloßen Vorbilds, sondern die eigene menschliche Natur wurde mit der Natur des Jamschid gleichgesetzt; jeder Mensch hatte eine gleiche Natur wie Jamschid.

Im Schahnameh errichtet nun der König Jamschid durch seine Vernunft (*Assan Xrad* = die auf sich selbst gründende Vernunft) eine schöne und erblühende Zivilisation. Als seine *Xrad* den Gipfel ihres Gelingens erreicht, assoziiert Jamschid sich mit dem *Div* (dem Dämonen) und begibt sich auf Himmelfahrt. Die Himmelfahrt stand in der zoroastrischen Theologie für die Möglichkeit einen Einblick in die erhabenen göttlichen Mysterien zu erlangen, und sie stand für die Erkenntnis über die letzten und ultimativen Wahrheitsbereiche und die durch die Erlangung dieser Erkenntnis mögliche Vereinigung mit Gott.

Die verbotene Himmelfahrt des Königs Jamschid findet genau am Tag des Neujahrsfestes statt, der im iranischen Kalender anfänglich als der erste Schöpfungstag galt. Im Bundahischn – dem ältesten überlieferten aber durch die zoroastrischen Priester stark bearbeiteten Schöpfungsmythos des Iran – können wir sehen, dass der Ahriman (der Teufel) die Welt an diesem Tag beginnt anzugreifen, in alles zu einzudringen, sich in alles einzumischen und damit alles versucht zu verderben. Der Überlieferung in der Tradition des Volkes zufolge wird der Neujahrstag aber einem Gott zugeordnet, der „Feste-macher" oder „Schöpfer des Festes" heißt. Dieser Name im Volksmund drückt den Gedanken aus, dass das Leben in der Welt das Fest zum Ziel hat, und der Mythos des so benannten Gottes besagt, dass der erste Tag des Jahres der „Same" ist, aus dem ‚alle Zeit als ein Fest' entwächst.

Mit der späteren Umdeutung des Neujahrstages wurde der Welt und der Geschichte ein anderes Ziel gegeben. Der höchste Festtag, die Wurzel aus der alle Tage der Zeitgeschichte als „Fest" entwachsen, wandelt sich zum Tag der größten Freveltat des Menschen.

Durch die Änderung im Ziel beginnt die Zeit also mit dem Verbrechen der menschlichen Vernunft (*Xrad*) gegen Gott. Die menschliche Vernunft und die aus ihr gewonnenen Erkenntnisse sind nicht nur unfähig Freude und Glück auf weltlicher Ebene zu erlangen, sondern ihre Natur ist gleichsam ahrimanisch (teuflisch, verderbend) und erst am Ende, am Gipfel des Handelns, offenbart sich der wahre menschliche Charakter, die wahre menschliche Natur.

Dem zoroastrischen Weltbild zufolge verdreht Ahriman alles mit seiner List und vermag alle Richtigkeit zu kippen. Er ist der Feind des Lebens, der erst in Liebe auftritt allein um die Gelegenheit zu finden zu zerstören, zu töten und zu morden. Die menschliche *Xrad* ist von solch einer ahrimanischen Beschaffenheit. Sie zeigt sich erst als zivilisationserrichtend um zuletzt die Wahrheit zu enthebeln und die „festgleiche" Freude zu vernichten. Das was die menschliche Vernunft als Wohl und Heilsam für das Leben entdeckt und ersinnt, schlägt um in einen Affront gegen das Göttliche. So wird der Mensch schließlich genau hierfür betraft und Jamschid (Yima) dem Mythos zufolge in der Mitte entzwei gesägt.

Der Widerspruch zwischen menschlicher Erkenntnis und Freude hat sich im Islam in einer anderen Form fortgesetzt. In der iranischen Kultur können wir aber entdecken, wie die großen Dichter und Mystiker eigene Weltbetrachtungen in spontaner Weise auf die islamische Tradition übertrugen, und damit umgingen sich gänzlich vor dem neuen Gott Allah zu beugen.

Der große iranischen Mystiker und Dichter Fariduddin Attar (oder Attar Neyshapuri) gibt der islamischen Erzählung von der Schöpfung des Menschen beispielsweise eine radikal andere Wendung um den Übermut und die Rebellion, selbst gegenüber Gott (Allah als der höchsten Machtinstanz) und auch die Verdammnis als eine Voraussetzung der Suche nach Wahrheit darzustellen.

Attars Buch über die Wahrheitssuche in sieben Stadien (Manteq al-Tayr) beginnt mit der ungeheuerlichsten Freveltat gegenüber dem allmächtigen Gott. In dieser Erzählung kann man die tiefe Kluft und den Widerspruch zwischen Erkenntnis und Freude, die der Gedankenwelt der ursprünglichen iranischen Mythologie entgegenstand, deutlich erkennen.

Was die iranischen Kultur gegenüber der jüdischen- und der griechischen Kultur kennzeichnet, ist genau diese innige Vereinigung von Erkenntnis und Freude im menschlichen Dasein. Im Gegensatz zur Bibel, in der die zwei separaten Bäume im Paradies (Garten Eden) – zum einen der Baum der Erkenntnis und zum anderen der Baum der Unsterblichkeit oder genauer des ewigen Lebens – als Wesenseigenheiten Gottes dargestellt werden, gibt es im iranischen Mythos nur einen einzigen Baum, und zwar einen, dessen Wurzel die Unsterblichkeit und dessen Früchte und Blätter die Erkenntnis darstellen.

Die Unsterblichkeit (die ein fortwährendes „Frisch-Sein" und das immer von neuem stattfindende Ergrünen bedeutete) und die Erkenntnis wachsen auseinander. Beide Grundeigenschaften sind aber in einem Keim vereint vorhanden. Der Same ist gleichzeitig die Quelle der Lichts (der Erkenntnis) und er ist das immer von neuem stattfindende Sich-Erfrischende und Grün-Werdende. Die Natur des Menschen selbst besteht aus einer ‚Grünheit' (dem vom neuen Entstehenden oder Erstehenden) und einer ‚fröhlichen Erkenntnis'. Der Mensch (der in seiner Gesamtheit der ‚*Mar-Tokhm*' ist) ist, wie sein Name im

Iranischen bereits selbst ausdrückte, dieser besondere Keim oder
Same (*Tokhm*).

Attars Erzählung zufolge (die Frage des 22. Vogels, die
Beschreibung des ersten Tals oder im Tal des Suche) befiehlt
der Gott Allah, als er sich an die Schöpfung des Urmenschen
(Adam) machen will, allen Engeln sich zu beugen um nicht das
Mysterium anzuschauen, das Gott im Menschen verbirgt. Der
Teufel (Iblis) begeht aber ein Verbrechen, das Allah im nicht
vergeben wird. In seinem Übermut und als Wagnis lehnt Iblis es
ab sich zu beugen, und will dieses Mysterium mit seinen
eigenen Augen erblicken. Seine Wahrheitsliebe ist so stark, dass
kein Befehl, noch nicht mal das göttliche Machtwort, ihn von
dieser Tat abhalten und vor den möglichen Folgen abschrecken
kann. Der Wille zur Erkenntnis der Wahrheit überwindet für
Iblis das von höchster Instanz und Autorität gegebene Verbot.
Anders gesagt zieht Iblis die Erkenntnis der Wahrheit durch die
eigene Anschauung dem Glauben vor.

Iblis verachtet Gottes Gebot und schaut somit in das Mysterium
des menschlichen Seins, das keiner sehen und keiner wissen
darf. In dieser Erzählung zu Beginn der Wahrheitssuche im
Buche Manteq al-Tayr nimmt der Iblis die Gestalt des vor dem
Menschen Vorbildlichen an. Iblis wird hier als ein Vorbild in
der Wahrheitssuche repräsentiert, als etwas das zur Nach-
ahmung reizt und seine Urtat trägt die Qualität einer
exemplarischen Handlung in der Suche nach Wahrheit. Der
Machtgott hingegen wird implizit als ein Hindernis in der Frage
über die menschliche Wahrheitssuche angedeutet.

Nun gelangte Iblis in die Lage jedermann die Wahrheit, die bloß
ein Mysterium bleiben sollte, verraten zu können. Für Gott
(Allah) machte Iblis sich des Erwerbs des Wissens schuldig,
dass weder Iblis noch andere besitzen dürften. So bestraft Gott
den Iblis als Wahrheitswissenden, weil er, Gott, befürchtet, dass
die geheim zu bleibende Wahrheit nunmehr allen weiter- und

somit bekannt gegeben werden kann. Und durch das Folgen Iblises könnte schließlich auch jeder Mensch das eigene verborgene Wesen betrachten – oder aber sich seiner eigenen Verwandtschaft mit ihm (Artha = Iblis) bewusst werden.

Dies war es, was Allah befürchtete. *Das Urelement menschlichen Lebens* ist in der iranischen Kultur die Gottheit Artha gewesen – ein Gott *selbst*, der ein Urfeuer, ein ur-unbeugsam sich erhebendes Feuer, das eine Quelle des Lichts (der Erkenntnis) und ein Brunnen des Freudenfestes gewesen ist. Diese iranische Gottheit namens Artha wurde in Arabien Iblis, Abu-Mara und auch Haares genannt. Der Prophet Mohammed wollte diese andere Gottheit aus dem Geisteswesen der Menschen vertreiben, diese Gottheit verhässlichen oder zumindest ihre kulturelle Existenz verdecken.

So wird der Iblis als Erz-Lügner, Wahrheitsverdreher und Verfälscher mit der ewigen Verdammnis bestraft und als der bedrohlichste Feind des Menschheit deklariert, weil Iblis (Artha) selbst dieses Mysterium ist, das in jedem Menschen verborgen liegt. Durch die Verdammung des Iblis enstellt Allah tatsächlich die arthaische Natur (*die göttliche Natur*) des Menschen und lässt ihr äußeres Abbild erstarren.

Die Wirklichkeit des menschlichen Wesens in der Form wie die Iraner es einst in ihre Umwelt getragen und verbreitet hatten, wurde durch den Gott Allah wohlweißlich fast vollständig verdrängt, denn ein Feuerfunke im menschlichen Sein, der sich selbst erhebende und von selbst wachsende Feuerkeim der Artha oder Iblis heißt und sich niemals beugt oder unterwirft würde, wird sich auch weder gänzlich dem Gott Allah noch irgend einer anderen Autorität gegenüber vollends ergeben.

Die Wahrheits- und Erkenntnissuche des Gläubigen ist mit der Freude und dem Wohlsein nicht vereinbar, wenn diese sich außerhalb der Versprechen Allahs bewegen. Gott (Allah) selbst profaniert hier in der Strafhandlung die Wahrheit, indem er den Wahrheitskennenden (Iblis) zu Gunsten des Wohls der Gläubigen als „Lügner" diffamiert.

Mit dieser harten Strafe geht Gott gegen die Weitergabe der Wahrheit an den Menschen vor. Iblis will diese fürchterliche Verachtung aber in aller Zeit aushalten, weil ihm die Anschauung der Wahrheit trotz ewiger Verdammnis ein oberster Wert ist. Die Freude, die die Erkenntnis der Wahrheit in seinem Wesen erzeugt, hebt das gesamte Leiden, das der neue Gott ihm durch die Verdammnis als Lügner zufügt, auf. Die Struktur der Erzählung zeigt, wie der Trieb der Wahrheitssuche eine unvorstellbare Kraft des Leidtragens hervorbringt. Sie hält die Bezichtigung der Lüge und die Verneinung und Anfeindung der Wahrheit aus.

Die Wahrheitssuche im Laufe der Geschichte ist, was die Fragen geistiger Gewaltherrschaft anbetrifft, eine Tragödie des Leidens. Wer ist dieser Iblis, in dessen Wesen die Freude und das Wohlbehagen so tief mit der Erkenntnis und der Wahrheit verbunden sind, dass keinerlei Angst vor der Verleumdung durch die höchsten Machtinstanzen ihn auseinanderreißen kann?

Iblis ist, durch seinem spontanen Widerstand gegen Allah, nicht um die Rettung seines Seelenheils besorgt, und er hat kein Paradies vor Augen und möchte auch nicht mit einem ewigen Leben im Paradies belohnt werden. Das jenseitige Paradies, das der Prophet Mohammed verspricht, bildet für ihn keine reale Lebensfreude. Er kann die Freude, die mit der Erkenntnis verbunden ist, durch ihr ständiges hervorspringen aus dem eigenen Lebensquell in der Gegenwart erleben. Er ist gegen äußere Leiden dadurch geschützt, weil er selbst der Ursprung von Freude ist und weil er selbst durch seine eigene Freude bestimmt wird.

Er verstößt gegen das Gebot eines Gottes, der die freie Wahrheitssuche und die Vereinigung der Freude mit der Erkenntnis in der Welt, in *seiner* Welt nicht vorgesehen hat.

Der Iblis des Koran ist die iranische Gottheit Artha gewesen
Sie war der Herd aller Feuerkeime
die Ähre aller Lebenssamen
und das Urelement (der Same) des Lebens

Iblis, dessen Wesen aus dem Feuer besteht, ist von Natur aus hochlodernd und nach dem Erhabenen strebend. Die islamischen Überlieferungen bestätigen uns, dass Iblis eine iranische Gottheit war, und dass ihr anderer Name Abu-Mara und Haaress gewesen ist. An diesem Namen und dem feurigen Wesen erkennt man ohne jeden Zweifel, dass es sich hier um die iranische Gottheit Artha-Khuscht handelt, die in der Provinz Fars nahe an Arabien liegend die höchste Gottheit war.

Abu-Mara ist in seinem Wesensattribut: *mara*, das das „An-sich-Seiende, Sich-Bewegende und das aus der Verbindung zweier Kräfte Schöpfende" bedeutet. Und Haaress ist eine Arabisierung des Wortes bzw. Namens Artha = Arass.

Artha-we-Khuscht, der Name der frühen iranischen Gottheit, heißt: Artha die gute Ähre. Die Iraner haben diese Gottheit als eine Ähre konzipiert, deren Körner der Entstehungssamen der Menschheit ist, und dieser Same wurde mit Feuerwürfeln gleichgesetzt. Die Schöpfung war ein Prozess der Streuung dieses Feuersamens auf die Erde und die gilt selbst als *die Erde* (Körper). Der Ursprung des Lebens in jedem Menschen ist, wie wir in dieser Untersuchung besprechen wollen, der ‚göttliche Feuersame' oder Artha selbst. Artha ist in jedem Menschen ein

Korn dieser Ähre. Aus diesem Grund trug die Gottheit Artha das Attribut *Hu-Čitra*, d.h. „des guten Samens; der guten Ähre".

Den Mond am Firmament sah man als den Träger der Wolke und er galt als eine Einheit mit den Wolken. Die Wolke hat durch den Blitz die Samen, die allesamt im Mond (der Ähre aller Lebenssamen) sind, auf die Erde gestreut und dadurch alle Körper schwanger gemacht. Wolke und Blitz beide wurden *Sang* = verbundenes Paar = „Stein" genannt. An der Bezeichnung des Blitzes im Persischen und im Tabari-Dialekt können wir erkennen, was der Blitz (das Feuer) hier genauer bedeutete:

In Tabari heißt der Blitz 1. *Al-su-su*, 2. *Sandjel*, 3. *Sakel*, 4. *Elbis* und 5. *Alb*:
1. *Al-su-su* ist der „Lichtstrahl der Al (der Geburtsgöttin)".
2. *Sandjel* ist *Sang-el*, „die Al der verbundenen Paare". Dieses Wort tritt im Koran in der Form von *Sedj-dhil* auf.
3. *Sakel, Sak-el* = *Sang-el* diese Wörter tragen die gleiche Bedeutung.
4. *El-bis* bedeutet „die Al mit dem verbundenen Paar" (*bis* = *vis* = *vi*). Dieser Name des Blitzes wird in dem Wort „*Iblis*" arabisiert , das im Koran den Satan bezeichnet.
5. *Alb* ist die Verkürzung von *Al-beh*, „der guten Al".

Im Persischen umfasst die Bezeichnung für den „Blitz" die Bedeutungen 1. Feuer und 2. *Artadjak* = *Artha* + *djak. Djak* ist eine Form eines sogenannten *Jugh* oder *Djoft*, das heißt eines „gebundenen Paares" in einem besonderen, archetypischen Sinne den wir später noch besprechen werden.

In all diesen Bezeichnungen wird offenkundig, dass der Blitz – der das Urelement des Lebens oder der Feuersamen Arthas (der Göttin Artha Khuscht) ist – in den „Herd" des menschlichen Körpers eingeht. Im Pahlavi bedeutet Körper: *Tan* gleichzeitig auch „Feuerherd".

Der Blitz der Wolke stellt das Licht, das die Geburt des Regens begleitet. Die dunkle Wolke „lacht" im Gebären des Wassers. Der Blitz wird als ein Lachen und als die Freude der ‚Entstehung der Lebensquelle' begriffen. In der iranischen Literatur ist das Bild des Blitzes als lachend über einen großen Zeitraum bestehen geblieben. Die Geburtsgöttin (die dunkle Wolke = Simorgh) bringt mit dem Regen durch den Blitz die Welt zum Lachen, zur Freude. Sie erheitert die Welt durch ihre Erfrischung.

Das Ideal der Iraner war es nicht ein Lichtempfänger oder ein durch eine fremde Lichtquelle Be- oder Erleuchteter zu sein, sondern stattdessen die Quelle des Lichts und der Wärme, und dies beides zusammen, selbst zu sein.

Der Urfeuersame des Lebens (*Axv*) hat die Kraft sich durch seinen Reichtum und seine Fülle in das Vielartige, das Unzählbare und Vielfarbige umzugestalten. In diesem Prozess des Sich-Austreckens, des Ausbreitens, Sich-Offenbarens, Aufstehens und Sich-Erweiterns erscheint das Erlebnis der existenziellen Freude, des Lachens und der Heiterkeit. In Ausdrücken wie *Vista-axv*, *Farr-axv* und *Ustan-axv* hat man die Existenzwerdung als die Synthese von Leben, Freude (Lachen) und der *Xrad* (ein Denken-Hellwerden) erfasst. Das Zurweltkommen war die gemeinsame Erstehung des Lebens, der Freude und des Lichts (der Erkenntnis). Lachen und Freude verbunden mit der Erkenntnis durch die *Xrad* waren der Prozess der Umwandlung und der Gestaltgewinnung des *Axv* (des Ursamens des Lebens) im Dasein.

Der iranische Gott bringt den neuen Gott jeden Tag dreimal durch seine Kritik zum Lachen!

Die Erinnerung an diese Gottheit – eine Gottheit die die ganze Lebenswelt durch ihren lebensschenkenden und lebensbejahenden Charakter zum Lachen brachte und die Existenz in Freude zu versetzen vermochte – ist uns in einer Erzählung Attars in seinem Buch ‚Mosibat Nameh' erhalten geblieben:

Zu Moses Zeiten gab es einen Mann der Barkhe Asswad (der schwarze Blitz, *Asswad* = schwarz, *Barkh* = *Bargh* = Blitz) genannt wurde. Dieser Mann verbreitete solch eine erfrischende Heiterkeit, dass er in seiner Dunkelheit sogar dem Glauben ein fröhliches und rosig-rotes Gesicht verleihen konnte. Das Jahr war in Israel sehr trocken gewesen, es gab eine Mißernte und viele Menschen starben. In seiner Not wendete sich das Volk an Moses, damit er von Gott Wasser erbete. So ging Moses in die Gefilde und richtete diese Bitte an Gott. Seine Bitte wurde von Gott aber nicht erhört. Er bat Gott nochmals und befragte ihn nach einem Ausweg aus der prekären Lage. Daraufhin sprach Gott zu ihm und sagte, dass es da nur einen Knecht Namens Barkh gäbe, auf dessen Gebet um Regen er einzig und allein hören würde.

Moses machte sich somit auf den Weg um diesen Mann ausfindig zu machen und ihn darum zu beten, mit im in die Wüstenei zu kommen und Gott um eine Regenwolke zu bitten. Am folgenden Tag kam Barkh hinaus in die Steppe und das ganze Volk schaarte sich um ihn. Plötzlich erhob er seine Stimme und begann in verwerfender Weise zu Gott zu sprechen: ‚O Gott, bring diesen Menschen doch nicht jeden Tag eine Qual auf die nächste und ein Leid nach dem andern, und zieh' die Menschen doch nicht fortwährend in ihr Verderben. Wenn Du

diese Geschöpfe schon erschaffen hast, warum lässt Du sie dann
verhungern und im Elend allein. Es scheint, dass von Deiner
Milde und Großzügigkeit nicht das Geringste übrig geblieben
ist. Ich meine es ziemt Dir nicht, dass Du das Volk durch solch
eine Hungersnot bestrafst!'

Sofort als Barkh diese Worte gesprochen hatte fing es an in
Strömen zu regnen. Die Welt wurde durch den Regen erfrischt
und das Volk war vor Freude ergriffen. Am anderen Tag nun
begegnete Moses dem Barkh zufällig, und Barkh sprach Moses
an: ‚Hast du gesehen wie ich mit Gott in ganz intimer und
freundschaftlicher Weise ein Zwiegespräch geführt habe!' Auf
diese Aussage reagierte Moses empört und wurde furchtbar
wütend. Er schäumte über wie ein brausendes Meer, weil Barkh
mit solch einer Frechheit, einer Dreistigkeit und mit solchem
Übermut zu Gott gesprochen hatte, und so wollte er Barkh jetzt
gerne, wegen dieses respektlosen Verhaltens seinem Gott gegenüber, kränken und verletzen.

In dem Augenblick, als die Wut über Moses hereinbrach,
erschien plötzlich Gottes Bote, der Engel Gabriel, und sprach zu
Moses: ‚Moses, sei nicht zornig und kränke Barkh nicht, weil er
ist derjenige, der meine Milde und meinen Edelmut jeden Tag
dreimal wie die Blumen des Frühlings aufblühen lässt und mich
zum Lachen bringt. Er ist der wahre Anlass unserer Milde und
unserer Zärtlichkeit die uns Lachen lässt. Was er tut ist nicht
deine Angelegenheit und Du kannst dies nicht vollbringen. Bei
ihm aber ist es seine Wesenseigenschaft.'

Barkh, der tatsächlich dem Wortsinne nach „Blitz" (*Bargh*)
heißt, ist wie wir oben einleitend beschrieben haben der Name
dieser alten Gottheit und dieser Name und bzw. auch die
Bezeichung des Blitzes wird mit dem Lachen identifiziert. Wenn
auch Attar vermeidet Allah oder Jahweh als ein lachendes
Wesen anzunehmen, so macht er doch das Lachen als Auslöser
der Milde und des Großmutes akzeptabel. Attar mediiert nicht

den altiranischen Gott mit Allah, wie es und im ersten Augenblick erscheinen könnte, sondern in der tiefe seines Herzens gibt
er dem heidnischen Gott die Präferenz. In stiller Weise verherr-
licht er einen Gott, der durch die Kritik und durch das intime
Verhältnis mit den Menschen in innigster Freude lacht und sich
daraufhin korrigiert und mäßigt.

Wie es scheint, sehnt Attar sich nach seinem heidnischen Gott,
der obgleich er einerseits als Iblis verdammt und versteinert
wurde, auf der anderen Seite noch als guter Knecht den Hof-
narren des neuen Gottes spielen darf, und dessen Lachen (Blitz)
in Wirklichkeit die Geburt des Regens aus der dunklen Wolke
begleitet, die die ganze Welt ergrünen lässt und erfrischt.

Das menschliche Leben als ein Entflammen des Feuers

Wie die Iraner das Menschenleben deuteten

Das Fundament der Erscheinung des neuen Menschen im Westen begründete sich auf dem Mythologem des Prometheus, das der menschlichen Existenz eine andere Deutung gab als das biblisch-christliche Menschenbild. Der Titan Prometheus hat das Feuer gegen den Willen des Zeus aus Liebe zu den Menschen gestohlen und es ihnen übergeben. Diese Art der Rebellion und dieser Widerstandsgeist wurden wirksam für den westlichen Menschen als Vorbild des Widerstandes gegen Autoritäten.

Die Gehalte iranischer Mythologie wurden durch die zoroastrische Theologie verdeckt und in Vergessenheit gebracht. Die Terminologie der iranischen Mythologeme findet sich im ‚Bundahischn': Das Wort selbst bedeutet „die Erkenntnis über den Ursprung". Auch die persischen Wörter *Daastaan* und *Daatestan*, die Firdausi im Schahnameh sinngleich dem Worte „Mythos" verwendet, bedeuten in ähnlicher Weise „Ort der tiefen Erkenntnis". Eine wahre Erkenntnis über einen Gegenstand, ist eine Erkenntnis mittels derer man zum Entstehungsort seines Ursprunges gelangt. In dieser Weise sollte es sich auch mit der Erkenntnis über das Feuer in der iranischen Mythologie belaufen.

In den uns überlieferten Pahlavi-Texten findet man die Erwähnung dessen, dass der Mensch ein „Same des Feuers" ist. Ausführlicher erfährt man darüber in diesen Texten jedoch nichts. In der frühen iranischen Kultur betrachtete man den Menschen als einen „Samen des Feuers", und die Bedeutung dessen war, dass der Mensch ein „Same" der Gottheit Artha ist.

Der Mensch brauchte nicht gegen seinen Gott zu rebellieren oder sein feuriges Wesen durch das Entwenden des Feuers erlangen. Er bedurfte auch keines Feuerbringers, denn damit wäre seine eigene Gleichartigkeit mit dem Ursprung, d.h. mit Gott, negiert. Weitläufig bildete dies auch den Grund dafür, dass die zoroastrische Theologie den Terminus des „Feuersamens" beibehielt; sie riss ihn aber aus seinen ursprünglichen Zusammenhängen heraus und ordnete ihm andere Bedeutungszusammenhänge zu, um dem eigenen Gott Ahura Mazda als Schöpfer des Menschen Platz zu machen, und, so konnte sie auch die Verwandtschaft von Gott und Menschen auflösen.

Das Wesensbild der frühen Gottheit Artha war das Sinnbild der Ähre in all ihren möglichen Formen: als Traube, als Ährenkrone des Weizens oder der Gerste, als Dattelzweig, als Blüte einer Blume (durch die Vielzahl ihrer einzelnen Blätter), als Hyazinthe und als Granatapfel, der all seine Fruchtsamen unter seiner Haut trägt – all diese Bilder standen als Symbole des Archetypen der Ähre. Noch in der Zeit des Dichters Hafez war die Gestalt dieser Gottheit als *Gol-chehreh* in der Erinnerung lebendig. *Gol-chehreh* bedeutet „das, was in seinem Wesen einer Blume gleicht" (am ehesten einer Rose). Es ist eine „Ähre" im abstrakten Sinne, von der keiner ihrer Samen dem anderen gleicht. Die frühe Gottheit war „ährengleich" und alle Menschen und alles Lebendige betrachtete man als durch sie hervorgebrachte, sich voneinander unterscheidende Samen. Das persische Wort *Tokhm* umfasste die Bedeutung des „Samens" oder auch der „Spermien". Das Wort wurde aber auch mit dem „Feuer als Lebenswärme" gleichgesetzt. Diese Bedeutungsidentität fand sich auch im Bild des Feuerherdes oder dem Feuerbehältnis in dem sich Feuerwürfel oder Feuerkohle befinden.

Die Gottheit Artha nannte man auch Artha-we-Khuscht, das „Artha die gute Ähre" bedeutet (*Weh = Vohu =* „gute"). Im Volksmund benannte man eine ihrer Hauptwesenseigenschaften

als „*sarfraaz*", das heißt: die, die ihren Kopf hoch trägt, die sich
erhebt, die einen Selbsbehauptungswillen hat, die sich wider-
setzt und rebellisch ist. Und so wie diese Eigenschaft zur
Gottheit gehörte, so war sie auch in jedem ihrer Abkömmlinge
vorhanden. Die Menschen als ihre Samen, tragen ihre göttlichen
Eigenschaften der Fähigkeit des Sich-Erhebens, des Selbstbe-
hauptungswillens und der Erhabenheit. Dieses Menschenbild
widerspricht dem jüdisch-christlichen und dem islamischen
Menschenbild. Auch widersprach dieses Menschenbild dem
Zarathustras. Zarathustra benannte die Gottheit Artha um, und er
raubte ihr ihre Wesenseigenschaft als Ähre. Der zoroastrische
Hauptgott Ahura Mazda war frei von jeder ährengleichen
Eigenschaft. Ungleich zur Göttin Artha verwandelte er sich
nicht zur Materie, zur Welt und zum Menschen.

Das Wort „Ähre" in der deutschen Sprache ist mit dem
englischen Wort „ear" (= the fruiting body of a grain plant)
identisch. Auch das persische Wort *Gusch* („Ohr") entspricht
dem Wort *Khusche* = „Ähre". Das Englisch „ear" ist ety-
mologisch wortverwandt mit den persischen Wörtern: *Ir, Hir*
und *Hry*, die allesamt „Drei" bedeuten. Die dreiblättrige Pflanze,
das Trifolium, verstand man als die „Ur-Ähre". Ihr Ursprung
war unsichtbar und ungreifbar, doch in dem Moment ihres
Erscheinens tritt sie als Spektrum der Vielfalt auf. Die
Dreiblättrigkeit war das Sinnbild der Entstehung des Viel-
fältigen aus einem im dunklen und im verborgenen liegenden
Ursprung. Im Persischen nannte man das Trifolium *Humaneh*,
das eine weibliche Form des Namens Vohuman bzw. Bahman
ist. Die Ur-Ähre oder die ursprüngliche Schöpfungs-Ähre sah
man am Himmel in den Plejaden (pers. *Khusche Parvin*), die, so
meinte man, sich aus drei sichtbaren „Zwillingen" und einem
unsichtbaren Stern zusammensetzten. Diese sechs Sterne oder
„drei Zwillinge" galten als „Artha-we-Khuscht".

Das Bild der *Khusche* (der Ähre), deren verschiedenartige
Samen alle Vielfalt darstellten und die man als den Ursprung der

Welt dachte, teilte sich in drei Seinsbereiche – dem des Wassers, dem der Erde und dem des Himmels – in denen es seine Darstellungs- oder Verbildlichungsformen fand:

Der Vollmond, den man als eine Umarmung des Halbmondes mit den Plejaden betrachtete, galt als eine Ähre im Himmel: Die Ähre, die die Plejaden bilden, liegt im Bauche des Halbmondes (der Halbmond versinnbildlichte den „Mutterleib". Im Persischen bezeichnete man „den Mutterleib" als *Aabgah*, das im wörtlichen Sinn „Wasserzisterne" bedeutet.)

Simorgh im Schahnameh (Artha, die auch Artha Khusche genannt wurde) hat ihr Nest (*A-schyanne*) auf drei Bäumen im Elborzgebirge. Das Wort *A-schyanne*, das Nest bedeutet, hieß zugleich aber auch Himmelsdach. Das Wort *Schy+yane* bedeutet „Heim der Vereinigung von Dreien". Die Vorsilbe *Sche* bzw. *Schy* bedeutet „Drei" und die Nachsilbe *Yane* (*Yaone*) ist der „Vereinigungsort". Die Darstellungen im Schahnameh lassen auf das gleiche Bild der Plejaden zurückschließen, dort aber als ein „aus drei Bäumen Gewachsenes", wobei das Nest bildlich auf den Bäumen liegt.

Ein anderes Bild der *Khusche* ist das der am Fluss Daiti rastenden Kuh. Diese „Erd-Kuh" besteht aus dem Samen von allem Lebendigen oder allen „Lebenssamen".

Ein weiteres Bild ist das vom Baum im Weltmeer, auf dem Simorgh sitzt und als „Ähre" dieses Baumes genannt wird. Simorgh schüttelt sich und streut so ihre Samen aus, die durch den Wind über die ganze Erde verteilt werden.

Darüberhinaus muss gesagt werden, dass die Zahl Drei (*Ir, Hir, Shr, Shy, Hry, Dry* ...) und ihre Multiplikation die Bedeutung der „Ähre" sinnbildlich im Sprachgebrauch implizierten.

All diese und ähnliche mythologisch verbundene Bilder, stellen den gleichen Gedanken im Himmel, auf der Erde und im Meer (im Wasser) dar, weil diese Seinsbereiche als gleichwertig und auch als substanzgleich betrachtet wurden. Sie alle wiesen auf eine Synergie oder Paarung von Wasser und Samen (= Feuer) als Schöpfungsquelle hin. Simorgh im Schahnameh auf den drei Bäumen nistend erscheint immer innerhalb dunkler Wolken. Und die Gottheit im Himmel ist wesensgleich mit der Samen-Kuh auf der Erde, die die Erde selbst verkörpernd am Flussufer ruht, und auch mit dem Meeresvogel, der auf dem Baume *Van Vas Tokhmak* sitzt. Den Mond versah man im Bundahischn mit dem Attribut er sei „wolkenhaltig", er berge Wolken in sich oder sei mit den Wolken gepaart. Der Gedanke der Gebundenheit von Wasser und Samen (Feuer) ist in jeder der drei Seinsdimension gegenwärtig. Die Form einer miteinander verbundenen Zweiheit, die durch ihr Verbundensein als ein Dreiheitliches galt, findet ihre Spiegelung aber auch im Wesen aller „Lebenssamen".

Die Ähre war ein Denkbild und hatte mit einer realen Ähre wenig zu tun, da eine reale pflanzliche Ähre sich primär durch die Gebundenheit der Wiederholung kennzeichnet. Das abstrakte Bild der Ähre betonte aber den Aspekt der Vielfalt und Verschiedenheit der Teilchen aus der die Ähre sich zusammensetzt. In diesem Bild wurde eine Verbundenheit des Seienden und Lebendigen zum Ausdruck gebracht. Gott war die Verbundenheit von allem und alle Existenz war verschiedenartig und individuell. Gott als das Urelement von allem, verwandelte sich in die Mannigfaltigkeit, das hieß, dass die Welt sich nicht auf der Grundlage der Gegensätze bildet, sondern das Verschiedenartige bildet sich aus der Verwandlung einer gleichen Substanz. Die bildlich gedachte Ähre setzte sich aus allem anders-, verschiedenartig- oder unterschiedlich Seienden zusammen und in ihr fügte sich der Gedanke von Pluralität und Verbundenheit zu einer Gesamtheit. Das Weltall, die Götter und die menschlichen Kulturen wurden als andersartig aber miteinander verbunden betrachtet. Andersartigkeit bildete hier keinen Gegensatz.

So war der Mensch auch kein „Knecht" oder keine „Kreatur" Gottes, sondern man sah den Menschen, gleich welcher Nation, welcher Religion, welcher Rasse, welchen Geschlechtes oder welchen Stammes er sich selbst zuordnete, als einen Samen (den Feuersamen) der Gottheit, auch wenn die Menschheit sich selbst ihrer Zusammengehörigkeit nicht bewußt sei. Die Menschheit besteht aus der gleichen Substanz wie Gott oder wie ihr Ursprung. Im iranischen Denken wurde Gott als Ursprung des Menschen verstanden, nicht als sein Schöpfer.

In diesem Weltverständnis nahm das Phänomen des Glaubens als einem religiösen Akt keinen Platz ein, da deren Religion (pers. *Din = Daena*) in ihrer Ontologie nicht an das Glaubensbekenntnis gebunden war; die Religion bedurfte nicht des Glaubens. Es besteht keine Notwendigkeit an Gott oder an eine Gottheit zu glauben, sondern des Menschen Aufgabe ist es, den individuellen Gottessamen, den Ur-Feuersamen Gottes, in sich zum Entflammen zu bringen. Jeder Form der Macht die diese Gottesursprünglichkeit bezweifelt, negiert oder zerstören will, kann mit Widerstand und Rebellion begegnet werden. Der Mensch besitzt das inhärente Recht zur Infragestellung jeder Instanz, die seine Identität als einem „Gottessamen" verwirft.

Die Einheit und die Vielfalt galten in der altiranischen Kultur als zusammengehörend

Der Same und die Ähre

Dem Erleben und Erfassen des „Ursprungs" oder der „Wahrheit", in der Vielfalt derer möglichen Entfaltungen, sprach man im frühen iranischen Denken einen höchsten Wert zu. Der Ursprung (*Tokhm* = *Čithra*) transsubstantiiert sich zur Vielfältigkeit und nicht zu einer einzigen Form. Es gab in der iranischen Weltanschauung auch keine „Scheinwelt" oder eine als minderwertig zu betrachtende „Welt".

Die Gottheit Artha war einerseits die Ähre = *Khusche* und gleichzeitig auch der Same = *Tokhm*. Sie ist „Weh-Khusche" und „Hu-Čithra", das bedeutet, dass die Ähre und der Same ihre beiden miteinander verbundenen Gesichter sind. Oder anders ausgedrückt ist Artha auch die Ähre (*Khusche*), die bereits im Samen (*Tokhm*) immanent verborgen liegt. So ist beispielsweise der Mensch, als der Feuersame Arthas, der „Mar-Tokhm". Die Seele (die Psyche = *Urvan* = *Ravan*) des Menschen selbst ist ährengleich, woraus folgte, dass man die Psyche (*Ravan*) als die ordnende und zusammenhaltende Kraft der Körperorgane betrachtete, denn die sinnbildliche Eigenschaft der Ähre war die einer ordnenden Verbindungskraft der einzelnen Teile zu einem Ganzen. Die ordnende und bildende Kraft des Ganzen liegt aber auch in jedem ihrer Feuersamen.

Der Aspekt des Ährenhaften war über dieses Gottheitsbild im menschlichen Sein (*Tokhm*) mitbeinhaltet. Der gleiche Gedanke lag auch im Bilde des *Jaam-e Jam*, des Bechers des Königs Jam, der ursprünglich als der Urmensch galt. In der iranischen Litera-

tur der islamischen Zeit galt der *Jaaam-e Jam* als das Idealbild
einer Erkenntnisquelle. In diesem Becher ist das ganze Weltall
zu erblicken. Man sah das Ganze als im einzelnen Keim
(*Tokhm*) Vorhanden-Seiendes. So lag ein Ganzes auch im
Menschen, weil Artha den Samen des menschlichen Leibes
bildete und gestaltete.

Auf solch einer Grundidee aufbauend, konnte eine ungeheure
Fülle der Formen, die sich aus den Feuersamen Arthas herausge-
stalteten, mit der Herkunft aus einer Einheit als verträglich
erscheinen. Und andererseits ist diese Einheit selbst aber auch
aus der Bindung der Vielheit entstanden. Das heißt: die
Ursprünglichkeit wurde transferiert. Man kann die Ursprünglichkeit in allen Samen, in allen Entfaltungen und allen
Formgebungen erleben.

Die schöpferische Kraft lag sowohl im Schöpfer als auch in den
Geschöpfen. Der Gott war dadurch mit dem Menschen *gleich*.
Und dies heißt, es war der ährengleichen Eigenschaft der
Gottheit geschuldet, dass alle Menschen ein Gleiches mit ihr
und mit sich selbst waren. Die Gottheit Artha stellte den Stolz
und das Selbstgefühl im Menschen her und sie war in jedem
menschlichen Wesen (*Mar-Tokhm*) in ihrer doppelten Wesenheit als einzelner Same und als *Khusche* oder ein Ganzes
vorhanden.

Das Göttliche oder der Ursprung erhellt sich, indem es sich
vervielfältigt. Die Ursprünglichkeit selbst ist in ihrer Tiefe dunkel und unbekannt, im Ausdruck ihrer Vielfältigkeit und in der
Buntheit der Formen und Farben kommt sie aber zu Lichte. Und
schaut man die Verbundenheit dieser Vielfalt an, kann man das
Ursprüngliche erfassen. Das Ursprüngliche (*Tokhm = Čithra*) ist
in seiner Vielfältigkeit nur ein Gewachsenes. Das „Werden" und
das „Sich-Verwandeln" wird als ein „Wachsen" = *Wachschidan*
verstanden. Die Welt, die Zeit und die Götter, alle zusammen,
erwachsen aus einem Samen.

Die Götter sind das Werden der Welt, und das Erwachsen der Götter ist wiederum das Erwachsen der Welt und der Zeit. Alle Götter in der frühen iranischen Kultur sind Äste, die am Stamm eines einzigen Baumes wachsen. Ein Ursame verwandelt sich bei dem Aufwachsen eines Baumes so zu dreißig Gesichtern (Göttern). Monotheismus und Polytheismus bildeten im iranischen Denken keine Gegensätze, wie das hinsichtlich des Islams, des Christentums und des Judentums der Fall war. Der Polytheismus war hier notwendig um einen „namenlosen Gott" in seiner Vielfältigkeit zu erkennen.

Die Götter waren die unterschiedlichen Gesichter eines gleichen namenlosen Gottes: Das Bildlose hat den inneren Drang und Trieb dazu gehabt sich verschiedene Formen zu geben. Was bildlos ist will aus sich viele Bilder machen. Dieses Denken brachte ein anderes Gottheitskonzept hervor. Die Götter waren die Facetten eines Kristalls, da das Unbekannte, Dunkle und das Wahre erst durch die Mannigfaltigkeit hell würde (das Licht war das Empfinden der Farben). Gott könne nicht in einer einzelnen Form, in einer Erscheinung oder einer Offenbarung allein erleuchten; das Göttliche wird im Regenbogen der Formen und Offenbarungen hell und licht.

Wir trennen Sein und Zeit heute begrifflich auseinander, aber in dieser Denkweise waren Zeit, Sein und Gott die Gesichter eines gleichen Urelements. Spuren die uns auf diese Identität von Gott und Zeit verweisen – dass Gott ein Wandeln der Zeit ist – können wir im iranischen Aftari-Dialekt vorfinden. Tag und Nacht sah man als bestehend aus 32 Zeitteilen statt aus 24 Stunden. Den Tag bilden 20 *Arda* und die Nacht 12 *Arda*. Die Bezeichnung „*Arda*" ist nichts anderes als der Name „Artha". Gott bildet die Segmente dieser Zeiteinheit, denn „Artha" ist „Artha-far-**ward**" – sie ist das Prinzip des Werdens = *Wartan*. Der unbekannte Ursprung (als Zahl Eins) wandelt sich zu 32 Zeitabschnitten, und diese nämlich finden ihre Verkörperung in den 33 iranischen Göttern, die zusammen mit dem Namen **Mar** = **Amar** benannt wurden. Der Mensch wurde, wie wir bereits erwähnten, als „*Mar-Tokhm*" benannt, das heißt als ‚Samen' der Zeitgötter oder als der ‚Samen' Arthas.

Die Gestalt des Satans oder des Iblis im islamischen Arabien trug unter verschiedenen Namen auch die Namen: Abu-**mara** und **Haaress**. Der Name Haaress war die arabisierte Form des Wortes bzw. des Namens Aras = Artha. Der Prophet Mohammed entdeckte im iranischen Gott seinen Teufel, da die iranische Gottheit als die ‚Ähre des Feuersamens' galt, die mittels des Feuersamens ihren Feuerherd in allen menschlichen Leibern stiftete.

Spuren der Eigenschaften der iranischen Gottheit sind im Paschtu noch in der Bedeutung des Wortes „*Art*" erhalten geblieben. Das Wort bedeutet: 1. offen, 2. weit, 3. frei und 4. unbegrenzt.

Das Menschenbild der Iraner wurde verdammt und zum obersten Feindbild erklärt, denn im Islam hatte ein Mensch keinen Platz als der Samen der erhabenen Artha, d.h. als einem Samen, der in seinem Wachsen entflammt und der in seinen eigenen Flammen das Göttliche des eigenen Wesens entfaltet.

Im Schahnameh finden wird das Bildnis der Zeit als einem Baum, aus dessen Stamm jeden Tag ein neuer Ast wächst. Dieser Zeitbaum besaß dreißig Äste. Die Zeit war durch die Mondbewegung bestimmt und man setzte sie mit dem Erwachsen eines Baumes aus einem Samen gleich. Die Zeit ist das Wachsen und das Werden der Götter. Sie ist göttervermehrend und lebensvermehrend. Die Lebensschöpfung überhaupt wurde als Lebensvermehrendes = *Jan-afzaa* verstanden. So war die Zeiterfahrung auch nicht die der Vergänglichkeit, sondern man sah in der Zeit den Fortschritt und das Fördernis der Schöpfung. Das Wachsen (= *Wakhschidan*) begriff man als eine tiefe

Erfahrung und Anschauung, ganz entgegen unseres heutigen
Konzepts vom Wachsen und vom Wachstum. Gott, Welt und
Leben, Mensch und Zeit, alle bildeten sich aus der pflanzlichen
Substanz. Das Gesamt-Sein, von Gott angefangen bis über das
Wasser, die Erde, die Pflanzen, die Tierwelt, bis zum Menschen,
sie alle galten als etwas „Wachsendes", und dieses Wachsen ist
ein Blühen und ein Sich-Freuen.

Der Begriff *Wakhschidan* („Wachsen") bedeutete: 1. zu
wachsen, zu schüren, 3. zu brennen, verbrennen, 4. entflammen,
5. in Brand setzen, 6. fortschreiten, 7. groß werden, sich erheben
und erblühen. Das Wort *Wakhsch* bedeutet: Atem, Leben,
Leuchten, Wort, Rede, göttliches Wort. *Wakhschik* bedeutet:
Fortschritt und Fördernis, Entflammen, geistiges Sein. *Wakhsch*
ist „der Geist". *Wakhschig* bedeutet „geistig". Einen „Pro-
pheten" bezeichnete man als einen *Wakhsch-war*.

Alles Geistige, Himmlische, der Eingebung oder der Inspiration
zuzuordnende verstand man als ein aus der Immanenz des
menschlichen Seins heraus Entspringendes. Artha war der
Feuersame und das Urelement, das sich verstreut hat und zur
Mitte jedes Leibes geworden ist (das persische Wort *Tan*
bedeutet sowohl „Leib" als auch „Feuerherd"). Dieser
Gottesfeuersame, der in jedem Feuerherd liegt, gerät in
Flammen und wächst in die Höhe und ins Erhabene. Seine
Flamme erhebt sich und organisiert gleichsam den ganzen
Prozess des „Hochwachsens" des menschlichen Körpers. Der
Feuersame bildet das Lebensheim des Menschen und er ist das
dem Leben Formgebende (*Čehrenidan*). Der *Tokhm* = *Čithra*
(*Čihr*) gibt sich selbst seine Form. Die immanente Substanz
verwandelt sich (mittels der ihr inhärenten Ährennatur) zur
Form, zum Bild oder zum Gesicht (*Čehrenidan*).

„*Se-tokhmak*" zu sein (Drei-Samen-Habend) entsprach der
Symbolik des Trifoliums und damit der Ur-Ähre. Die letzten
Tage des Monats, bzw. die drei letzten Mondhäuser, konstitu-

ierten diesen Samen der in sich die Ähre war. Dies ist auch der Same, aus dem der neue Zeit- oder Götterbaum erwächst. Das Wort *Čithra*, das *Tokhm* oder „Ur-sprung" bedeutet, weist auf diese Dreifältigkeit hin. *Čithra* setzt sich zusammen aus den Morphemen: 1. *Čit* und 2. *Tre*. Heutzutage noch bedeutet das Wort *Čit* im Kurdischen „Flöte" oder pers. *Nay*. *Tre* bedeutet „drei". So heißt *Čithra*: „drei Flöten" oder *Saena* (*Sin, Sanam, Saena-Moro* = ein Vogel mit drei Flöten). Der *Čithra* ist der Same am höchsten Wipfel des Zeit- oder Götterbaumes.

Das Bild des *Tokhm* oder *Čithra* trug in der iranischen Kultur die Bedeutung des Vollkommenen. Etwas ist vollkommen wenn es 1. den Ursprung und die Wurzel einer neuen Schöpfung bildet, und 2. wenn es gleichzeitig die Frucht und das Ende des Wachstums darstellt. Das heißt, anders ausgedrückt, etwas ist vollkommen wenn es 1. die Kraft und das Prinzip der Wieder-erneuerung ist, und 2. wenn es in seiner Form als Frucht, das Licht und die Erkenntnis und damit das meist entfaltete ist. Der *Tokhm* oder der *Čithra* ist das ewige Wiederauferstehen von Leben und Erkenntnis, beides zusammen. Sie sind in sich selbst Ende und Anfang.

Dadurch, dass der *Čithra* eine Dreieinigkeitsform darstellt, ist er das Ende des Zeitbaumes und zugleich der Beginn der neuen Schöpfung. Aus diesem Grund markierte das *Hu-Čithra* auch die Eigenschaft der Artha-we-Khuscht.

Den mythischen Vogel Humaay (*Hu-Maay* = „gute Urmutter") nannte man auch **Čithra-Akaat (A-Kaat)**. Die drei letzten Mondhäuser bezeichnete man als *Kaht* = *Kaat*. Noch heute ist das persische Wort *Čikaat* (das „drei Gipfel" bedeutet) gleichbedeutend mit *Čikaat*: dem „höchsten Punkt" (dem Gipfel). Der Name dieses Dreieinheitsgottes (Humaay) Čithra-Akaat hat sich mit der Zeit umgewandelt zu Schehrezade bzw. zu Čehr-Azad. Aus dem Wortteil *Akaat* ist das heutige *Azad* geworden, das „frei" bedeutet (pers. *Azadi* heißt „Freiheit").

Čithra-Akaat bedeute einen Samen, der am erhabenen Gipfel des Wachstums erscheint; der hiermit die höchste Erkenntnis in sich trägt und die Quelle der Erneuerung bildet.

Das Verständnis von „Vollkommenheit" beinhaltete in der iranischen Kultur keineswegs das unendliche Gute oder ein höchstes allumfassendes Licht und das Allwissen, sondern es bedeutete ein Same zu sein, im Sinne einer ewigen Bewegung zwischen Helligkeit und Dunkelheit. Zarathustras Gott Ahura-Mazda war allwissend und das unendliche Licht (Allwissen) war sein Heim – er war „*Harvisp-agah*". Mit der Einführung des neuen Gottesbegriffs in der Gestalt des Ahura Mazda entstand zwischen der ursprünglichen iranischen Kultur und der zoroastrischen Religion ein tragischer Konflikt.

Jeder Mensch ist ein Same der göttlichen Ähre
Die Menschheit ist eine Ähre (Gott, *Artha-Khuscht*)

Der Mensch, der in der ursprünglichen iranischen Kultur für sein Selbstsein aufsteht, wird in seinem Tun als rebellisch gegen gesellschaftliche und religiöse Mächte verstanden. In der iranischen Terminologie ausgedrückt ist der Mensch ein *Martohm* (*-tum*). Der Begriff *Tokhm, Tohm, Tom* oder *Tum* bedeutet „Same".

Simorgh (oder Artha) ist die *Ähre* des Seins-Baumes. Diese iranische Gottheit wurde daher auch Artha-weh-*Khuscht* genannt: *Khusche* bedeutet „Ähre". Das Gotteswesen ist nichts anderes als eine Ähre, die sich aus dem Samen aller Lebewesen und aller Menschen zusammensetzt. Jeder Mensch ist ein Same dieser göttlichen Ähre und die schöpferische Kraft selbst ist in jedem dieser Samen vorhanden.

Gott und Mensch sind gemeinsam teilhabend an der schöpferischen Kraft. Woher rührt diese schöpferische Kraft? Ihre Quelle ist die Zusammenwirkung zweier Kräfte, die kontinuierlich miteinander verbunden sind. So setzte sich auch das Wesen Simorghs, wie auch das Wesen aller Samen (*Tohm*), aus zwei Kräften zusammen, die geschlossen ein „gebundenes Paar" oder einen „Zwilling" konstituieren. Das Begriffsbild des „Zwillings" war gleichbedeutend mit dem Bild eines untrennbaren Paares. Zarathustra stellte sich gegen den untrennbar miteinander verbundenen „Zwilling" (*Yema*) als Schöpferquelle und versuchte dieses gedankliche Konzept negativ zu konnotieren und schließlich auszusondern. Viele mythologischen Bilder und Begriffe wurden in den zoroastrischen Texten nur verzerrt überliefert und ursprüngliche Bedeutungen bis zur Unkenntlichkeit verdreht.

Das Wort „*Tom*" teilte im Aramäischen und im Hebräischen die gleiche ursprüngliche Bedeutung wie im Persischen. In diesen Sprachen bedeutete *Tom*: „Zwilling". Der Name Thomas stammt von dieser gleichen Wurzel. Ein anderes persisches Wort für „Samen": *Daneh* (die ältere Wortform ist: *Dvaneh*) bedeutet auch „Zwilling". In der Sprache der Achämeniden zeugte das Bild und der Begriff des *Tum* = *Xva* = *Uva* vom Selbst-Sein, im Sinne des selbst die eigene Quelle und der eigene Maßstab Sein, des selbst die Quelle des Lichts und der Erkenntnis Sein; inzwischen aber emergierten andere religiöse Bewegungen im Iran, die das einstige Konzept des Menschseins verwarfen. In diesen Gesellschaften wurde eigenständiges Denken und das selbstständige Handeln und Kreieren schließlich zu etwas Schlechten oder Sündigen.

Die Geschichte Zals (der auch Zal-e Zar genannt wurde) im Schahnameh befasst sich mit dem Konflikt zwischen der Ursprünglichkeit im Sein und dem Sündenbegriff der sich dieser Ursprünglichkeit anhaftet. Zal-e Zar wird „zweifarbig" geboren. Seine besonderen Merkmale werden geschildert als weißhaarig mit rotem Gesicht, und an anderer Stelle, als weißhaarig mit schwarzen Augen. Die Zweifarbigkeit seines Hauptes war die Verbildlichung der gebundenen Zweiheit, die in der frühen Religion eine besondere Stellung inne hatte. Der tragische Konflikt trägt sich nun an dem Punkt aus, dass Zals Geburt die Folge einer Sünde sein müsse. Und so soll entweder das Kind dem Tode überlassen werden oder die Eltern haben die Verbannung aus Schmach anzutreten. Ein Mensch darf kein „*Tohm*" – keine in sich gebundene Zweiheit sein. Zal-e Zar ist, weil er solch ein „*Tum*" ist, schon bei seiner Geburt zum Ausstoß verdammt. Das *Tum*-Sein, oder das ein in-sich-gebundenes-Paar-Sein, wurde als Sünde begriffen.

Zals Geschichte beginnt die Gegebenheiten beschreibend mit einem heftigem Trotz und mit einer Widerlegung des Stigmas – u.z. einer Widerlegung des Ursündebegriffs und der damit verbundenen Berechtigung zum Ausstoß. Die Ursünde ist analog zu verstehen mit der proklamierten Verneinung der wesenhaften Verbundenheit von Gott und Menschen. Diese Ursünde (oder das „Abgeworfen-Sein") bildet die Wurzel der dualistischen Spaltung des Seins in Göttliches und Weltliches, Himmlisches und Irdisches und aller final dichotomen Polarisierungen des Seinsbereiches.

Die Geschichte Zals hinterfragt perspektivisch die vermeintliche Sündhaftigkeit seines in-die-Welt-Kommens und des damit logischerweise verbundenen in-der-Welt-Seins. Simorghisches Denken kennzeichnete sich durch ein Menschenbild, das dem Gedanken des Sündenfalls widersprach in all seinen Formen in denen er in den verschiedenen Licht-Religionen auftauchte. Die Gestalt des Zal-e Zar im Schahnameh nun ist die prägnante Verkörperung des Geschicks des Menschen, das durch alle Mächte und religiöse Lehren die auftreten in Frage gestellt, verachtet und bestritten wird – denn der Mensch im Iran war dieser *Mar-tohm*. *Tom*, *Tohm* und *Tokhm* ist gleichbedeutend mit dem „Samen". Das persische Wort *Mar* hatte mehrere Bedeutungen: 1. das Paar, und 2. die 33 Zeitgötter. Der Mensch stammte von den Göttern ab und seine Essenz war die der „gebundenen Zweiheit". Solch ein Mensch aber ließ sich schlecht unterordnen und beherrschen.

Bei dem so vehement bekämpften Geschick des Menschen geht es um das von-sich-selbst Sein, das maßgebend in Gut und Böse und das selbst die Licht- und Erkenntnisquelle Sein. Alle verdammen den Menschen zum Fall und zum Ausgestoßen-Sein. Zal ist ein Bild des Menschen im Ganzen, dessen jegliches Streben nach Erlangung eigener Ursprünglichkeit als schlecht bezeichnet und als Ursünde verdammt wird.

Der Same (*Tom* = *Tohm* = *Dwaane*) galt in der iranischen Kultur als das Urvollkomme, weil er die Paarung von Anfang und Ende, Licht und Dunkel, Himmel und Erde, Frucht und Wurzel darstellt. Das Wort „Same" stammt im Deutschen vom dem Wort ab, dass in Sanskrit und in der Avesta „*Sam*" lautet. In Sanskrit bedeutet „*Sam*": 1. mit, zusammen, 2. Vollkommenheit, 3. miteinander verbunden und 4. Vereinigung. Bei denjenigen zusammengesetzten Wörtern im Sanskrit, die dieses Morphem „*Sam*" beinhalten, kann man den Bezug auf einen „gebundenen Ursprung" oder einen „Paar-Zustand" erkennen (*Sam-bhutti*, *Sambhuta*, *Sam-bhava* , *Sam-bhu*, usw).

Die Frucht (die Ähre, das Korn, ...), die oben an der Pflanze oder am Baum gedeiht und die die höchste Klarheit, Helligkeit und Offenbarung darstellt, ist „gepaart" und verbunden mit der Wurzel, die selbst in der Dunkelheit der Erde verborgen und schöpferischer Anfang ist. Das was Anfang und Ende, Himmel und Erde, Licht und Dunkel, also augenscheinliche Gegensätze verbindet, ist ein unsichtbares und ungreifbares Drittes. Die besondere Art der Dreiheit, die als eine Einheit im Sinne der Liebe und des Harmonierens verstanden werden kann, bildet den Samen der die Zeit hervorbringt. Und dieser „Zeit-Samen" manifestiert die Schöpfung und die Welt. Die dreiheitliche Vereinigung hebt die Vielfalt aber nicht auf, sondern diese Vereinigung wird als ein Kooperieren und als ein Miteinander-Schöpfen verstanden. Da solch eine trinitäre Verbindung auch als Grundverbindung des Alls begriffen wurde, erklärte sie gleichermaßen die ganze Welt. Und dabei ist alles Lebendige Mitschöpfer der Welt. Die Welt hat somit keine einzelnen Schöpfer, sondern alle haben und alles hat Teil an der Welt-schöpfung.

Der Ursame, der gleichzeitig die Urliebe darstellt, wurde auch „Liebes Pflanze" = *Mehr Giah* genannt, er trägt darüber hinaus aber auch noch andere Namen. Einer davon ist die Bezeichnung „*Brm*", ein Wort das verwandt ist mit dem „*Brahma*" im

Sanskrit. Im Schahnameh wird ein iranischer König geschildert, der sich gegen den Zohhak als die Verkörperung des Anti-Lebens (des sog. *„Azhi"*) erhebt. Als Kind wurde dieser König von der Erdkuh Brmaayun ernährt. *Brm-yun* bedeutet „Mutterleib" oder auch „Quelle des *Brm*". Das Wort *Brahman* im Sanskrit heißt: „Wachsen", „Entfaltung" und „Sich-Verbreiten" und *Brahm-anda* bedeutet „der Same *Brahmas*". Ein anderer Name der „Liebes-Planze" (*Mehr Giah*), der in den persischen Lexika – ungleich zu seiner Vorkommnis in den anderen Quellen in der Literatur – nur in einer verdrehten Form auftaucht, lautet „Behrooj-al-Sanam", das „Behrooz und San" (*San-m* = *Saena* = *Saena-morro*, Vogel Simorgh) bedeutet und einen Hinweis auf die Zusammenhänge mit zwei Gottheiten liefert.

Die drei iranischen Götter, nach denen die drei letzten Tage am Ende jeden Monats im altiranischen Kalender benannt sind, waren 28. – Ram, 29. – Amar Spanta und 30. – Behrooz (Bahram). Diese Götter waren eine Verkörperung des Ursamens: Die Gottheit Amar Spanta oder Mar-Spanta war die verbindende Kaft, die die Gottheiten Ram (die Mutter des Lebens) und Bahram miteinander verband. In den zoroastrischen Texten wurden diese Götternamen abgeändert, um das frühe Konzept der Dreieinigkeitsliebe – als dem Samen aus dem Zeit, Mensch und Götter erwachsen, entflammmen und sich entfalten – in Vergessenheit zu bringen. Auch haben die Zoroastrier die Gottheit Ram vermännlicht. Das war leicht möglich, weil Ram (*Vay*) ihrem Wesen nach „zwillingshafter" Natur ist, indem sie über männliche und weibliche Attribute verfügt.

Der Liebessame (*Mehr-Gyah*) des Zeit-Baumes ist der Same, der zur Wurzel des neuen Monats und zum Ausgangspunkt der Entstehung neuer Götter wird. Im Schahnameh finden wir das Bild der dreißig Tage des Monats dargestellt als einem Baum (Zeitbaum) der dreißig Äste hat. 30 iranische Götter erwuchsen als Äste aus einem Baum, der selbst wiederum aus einem Samen wuchs der 3 Götter in sich vereinigte. Und dieser Same ward als die Frucht (die sich am Wipfel befand) zum Ursamen in der Wurzel geworden (es bildete sich die Wachstumskette als 3 + 27 + 3). Die Äste, die Götter waren, wuchsen nacheinander alle aus einem Samen der aus drei Göttern bestand. Und so bestand die iranische Götterwelt aus 33 Göttern. Im altiranischen Kalender hielt man die Mondbewegung in 27 Konstellationen fest.

Diese Idee lebte im Mithraisimus weiter. Im bekannten Dieburger Mithras-Relief sieht man Mithras, Cautes (Rashn) und Cautopates (Sroscha) als drei Äste eines Baumstammes. Der Mithraismus hat die drei Götter drei aufeinanderfolgender Tage für sein Konzept der Dreieinigkeit adaptiert. Der Tag 16 des Monats ist Mithra, Tag 17 ist Sroscha (Cautopates) und Tag 18 ist Rashn (Cautes). Der 16. Tag, der Mithra genannt wurde, ist mit der mythologischen Pflanze *Mehr-Gyah* identisch. Die Pflanze die dem 16. Tag des Monats zugeordnet wurde, verrät die Wesenheit von Mithra als einem „verbundenen Paar" oder „Zwilling". (So war Mithra *auch* eine Gottheit, die die Umarmung der Gottheiten Bahram und Sanam [dem Vogel von Saena = Simorgh] darstellte.) Der Mithraismus und der Zoroastrismus waren gegen das Konzept der miteinander verbundenen Zweiheit als Sinnbild eines Ursamens. Deshalb haben sie das alte Bild von Mithra abgeändert und seiner ursprünglichen Symbolik beraubt.

Die Spuren einer Schöpfung der Welt durch mehrere Gottheiten finden sich aber auch im Bundahischn. Ahura-Mazda erschafft die Welt zusammen mit den sechs anderen Amschaspandan. Die Vorstellung dieser gemeinsamen Schöpfung durch die Gottheiten nannte man „*Sam-bagh*".

Der Gedanke der Weltschöpfung aus einer Liebe, die sich in einem dreiheitlichen Prinzip dreier verschiedener Kräfte ausdrückt und versinnbiltlicht, ist später bis ins Christentum übergegangen. Im Christentum ist der Liebesgedanke aber so stark mystifiziert und zur Metapher geworden, dass ihm etwas fast Unbegreifliches anhaftet.

Einst ging es den Menschen in ihrer Vorstellung darum, dass die Welt selbst aus Liebe entstanden war; wobei diese Liebe aber in ihrem weltlich-säkularen Bezug keineswegs zwingend sexuell verstanden wurde, sondern diese Liebe umgriff die Verbindungen aller unterschiedlichen Formen. Man kann das altiranische Konzept von Gottheit, Sein und Zeit daran erkennen, dass eine Einheit Gottes und die Vielheit der Götter keine innere Widersprüchlichkeit beinhalten. Die Einheit in der Liebe hebt die Vielheit nicht auf. Ein Baum verkörpert eine Einheit von Vielheit: Aus einer Wurzel der Liebe wächst alle Vielfalt und Pluralität, und es ist ein Saft der alle Äste und Blätter, Früchte und Samen durchläuft.

Die Gestalt des Zal-e Zar im Schahnameh ist die Metapher des *Mar-Tokhm*. Und in der Gesellschaft in der die andere Religion herrscht wird seine Existenz bereits durch sein In-die-Welt-Kommen als das was er ist, als Sündenfall verstanden. Simorgh (Artha-Khuscht, Artha die Ähre) hebt in der Erzählung das Ausgestoßene und zum Fall verdammte Leben auf: Sie trägt den in den Bergen ausgesetzten Zal zu ihrem Nest und nährt das Kind mit dem eigenen göttlichen Blut, das sich in ihrer Brust zu Milch verwandelt hat. Sie zieht das Kind auf und das göttliche Blut (*Jiv* = Blut = Leben) fließt in seinen Adern. Damit gibt Gott dem Zal-e Zar seine durch den Fall und das Ausgestoßen-Sein verneinte göttliche Ursprünglichkeit zurück.

In dem Moment, in dem Zal ebenbürtig und zu einem paarhaften Gegenstück oder zum „Zwilling" Simorghs wird, versieht ihn Simorgh mit der eigenen Feder, damit er so ausgestattet zur irdischen Welt „mit dem geleit Gottes" herabsteigen kann. In frühen Darstellungen wurde der Same als ein Kreis, mit zwei Flügeln dargestellt. Die Gottheit Simorgh gibt ihren Samen von Natur aus Flügel (die Blätter des Keimes) mit, und diese müssen bloß ausgestreckt werden. Durch seine Zweifarbigkeit bereits ist Zal-e Zar solch ein Same und als er bei Simorgh aufgenommen wird, erhält er die Feder – er breitet seine Flügel aus. So wird Zal an der Göttlichkeit teilhaftig.

Die Symbolik der Feder ist mit der des Windes identisch, der das Feuer entfacht, der zum Leben erweckt und so die verborgene Essenz einer Sache zur Erscheinung bringt. Den Samen (*Tokhm, Tohm = Tom = Tum*) sah man als identisch mit der Substanz der Feuerkohle. Simorgh und die anderen iranischen Gottheiten waren Feuerentzünder oder Veranlasser des Brennens, die kurz berührten um etwas in Gang zu setzten – sie waren Anstoßgeber oder das Plektrum das die Saite eines Musikinstrumentes schlägt. Schöpfung bedeutete die bereits glühende Kohle (den Samen jeden Lebens) zum Entflammen zu bringen. Die Schöpfung aus dem Nichts durch einen Befehl hätte keinen Sinn gehabt. Die Feder war dem „guten Wind" (*Pneuma*) gleichgesetzt, der den Samen des Lebens *zu leben* anregt. Zal mit der eigenen Feder zu versehen, bedeutet eben diese Teilhabe an der göttlichen schöpferischen Kraft und es bedeutete *Leben*.

Der Mensch ist nach seiner Verdammung zum Fall und dem Ausstoß – aufgrund der Verleumdung und durch die Anlastung der Sündhaftigkeit wegen des fremden Gottes – das Kind Simorghs und das Kind der Gottheit geworden, und dadurch wieder mit Gott verbunden und teilhabend am göttlichen Wesen.

In seinem Wesen ist der Mensch ein Same (ein *Tokhm, Tohm*; ein *Dane* oder *Dvane*). Er ist ein „zusammengebundenes Paar". Jeder Same beinhaltet Gott oder Simorgh oder ist, anders ausgedrückt, „schwanger" mit Gott. Gott ist in jedem Menschen immanent vorhanden und bloß der Schlag eines Plektrums – ein Anstoß oder Anlaß genügt, um durch die Gottheit entflammt zu werden. Die Erfahrungen und das Versuchen sind Lebensan-

stöße und Feuerentzünder, die die Gottheit im irdischen Leben
jedes Menschen entflammt.

Die Schaffung der Welt als ein sinfonisches Zusammenspiel

Die Welt als ein Haus des Festes

In der frühen iranischen Kultur galt die Auffassung des Lebens als einem Fest als höchstes Ziel. Das Leben besteht aus immer neuen Festen. Jeder Tag war identisch mit einem anderen Gott. Jeder dieser Götter verfügte über eine eigene musikalische Qualität und ihnen allen war jeweils eine bestimmte Blumenart zugeordnet; symbolisch entsprach die Blume dem Sinngehalt der Ähre. Der Ursame stellt im seinem Vereinigungsakt der Liebe ein Hochzeitsfest dar. Das Wort *Schadi* („Freude") war im Persischen auch das Wort für „Hochzeitsfest". Ein anderer Name Simorghs war auch der Name: *Schadeh.*

In der alten Zeitrechnung, in der man die Monate durch die Zeiteinheit des Monats-Baumes verbildlichte, benannte man den ersten Tag jeden Monats nach dem Schöpfergott. Die Zoroastrier nennen diesen Tag nach ihrem Hauptgott Ahura Mazda, aber im Volksmund behielt der Tag einen anderen Namen bei: Man bezeichnete ihn als den *Jaschnsaz,* den „Festemacher" oder „Feste-Schöpfer". Damit war auch das Ziel des Zeitablaufs bestimmt. Im Zoroastrismus ist das Leben ein Kampfplatz gegen Ahriman und man ist als Mitkämpfer des Gottes Ahura Mazda geschaffen, und der erste Tag des Jahres ist der Tag an dem Ahriman beginnt die Schöpfung anzugreifen. In der frühen iranischen Kultur war der erste Tag des Jahres die Geburt Arthas aus der Erde; der Tag markierte damit den Geburtstag Gottes, mit dem die Zeit als Fest ihre Anfang nahm.

Die allererste *Erscheinung* überhaupt ist der Same, der sich im Zeitbaum aus den drei Tagen des vergangenen Monats zusammensetzt. Dieser Anfang einer wachstumshaften Wandlung bestimmt den Gesamtcharakter der restlichen Tage. Die Schöpfung der irdischen Welt ist gleich einer Schöpfung der Freude (*Schadi*), weil Gott (Artha) sich zur Erde (*Ard* in Pahlavi, *Erets* in Hebräisch, *Arz* in Arabisch, *Earth* in Englisch) verwandelt hat und sich fortwährend von Neuem gebiert. Jeder Tag war ein neues Geburtstagsfest Gottes.

Ahura Mazda, der Hauptgott der Zoroastrier, wird in den zoroastrischen Texten nie als ein Festemacher charakterisiert. In den Pahlavi-Texten werden Lied und Gesang immer dem Ahriman, dem Feind Ahura Mazdas zugeordnet.

* * *

Die drei höchsten Äste des Monatsbaumes sind: Ram-Jid (der 28. Tag), Amar Spanta (der 29. Tag) und Behrooz (der 30. Tag). Amar Spanta ist die Gottheit der Ehe und stiftet die Hochzeit zwischen Ram und Bahram (Behrooz); aus ihnen gemeinsam wird die neue Zeit geboren. Oder anders ausgedrückt: aus dem Samen (*Tokhm*) den sie gemeinsam bilden, wächst ein neuer Zeitbaum. Und der erste Tag, der daraufhin jeden Monat neu entsteht, ist der *Jaschnsaz* (der „Festemacher").

Der 28. Tag wurde von den Bewohnern der Region Fars, wie Abu Rayhan al-Biruni berichtete, Ram-Jid genannt. *Jit*, *Čit* und *Sit* sind auch Namen mit denen man die Flöte bezeichnete. Das Wort „Musik", im Persischen *Musighi*, bildet sich aus der Zusammensetzung der Morpheme *Mu* + *se* bzw. *Mu* + *si*; im Persischen trägt das Wort „*Mu*" auch die Bedeutung „Flöte". Ram-Jid – die Mutter des Lebens und die Quelle der Zeit (die Zeitgöttin) – ist eine Flötenspielerin! Die Beschaffenheit des Ursamens aus dem die Zeit und die Menschen entwachsen, ist die Gottheit Ram selbst, die Göttin der Musik und die Festemacherin.

Das persische Wort *Ğašn* bzw. *Jaschn* oder *Djaschn* („Fest") setzt sich ursprünglich aus *Yas-nay* zusammen. In den zoroastri-

schen Texten wird dem Wort *Yas* zwar eine andere Bedeutung
beigemessen, aber im Schuschtari-Dialekt bedeutet *Jaz* (das
heutige persische *Jaz*) „Flöte". Der Sprachwissenschaftler
Heinrich F.J. Junker bemerkt, dass *Nayet* im Huzvarisch
(Frahang i Pahlavīk) gleichbedeutend mit dem Wort *Yazronet*
ist. Das Wort *Nay* heißt im Persischen auch „Flöte". So bedeutet
Nayet „flöte spielen", weil *yazronitan* – das aus dem Substantiv
Yaz gebildete Verb – „Flöte spielen" heißt.

Die *Nay* („Flöte"), die als Begriff in verschiedenen Benennungs-
weisen häufig in der altpersischen Literatur vorkommt, wird in
ihrer besonderen Bedeutung und in ihren offensichtlichen
Erscheinungszusammenhängen von den zoroastrischen Mubeds,
den zoroastrischen Priestern, verdreht und im Obskuren
gehalten, weil dieses Wort *Nay* auch die Bedeutung „Frau" trägt
(*Kanyaa = Nadh = Nay*) und der Schöpfungsmythos hatte mit
der *Nay,* die mit der Frau gleichgesetzt wurde, zu tun gehabt.
Geburtskanal, Hals und Nase waren alle *Nay.* So wurde auch der
Hals mit seinem Vokaltrakt als „Kanal" der Stimme und des Ge-
sangs mit der Gottheit Ram-Jid (der Flötenspielerin) identifiziert.

Für die Iraner war der Gedanke des zur-Existenz-Kommens
gleichbedeutend mit dem Flötenspiel und dem Festemachen. Da
jeder Tag den Prozess des Geborenwerdens eines neuen Gottes
darstellte, war jeder Tag auch ein göttliches Geburtstagsfest.
Alle erscheinenden Götter wurden auch *Yazdan = Izadan*
genannt, da sie allesamt Flötenspieler und Festemacher waren.

Mit dem Aufkommen des Zoroastrismus kehrt sich das Ziel der
Schöpfung in eine entgegengesetzte Richtung. Der Mensch war
geschaffen um gemeinsam mit Ahura Mazda gegen Ahriman zu
kämpfen. Das Ziel der menschlichen Existenz war der Kampf
gegen das Böse, das Ahriman verkörperte, und nicht mehr das
Feste-Feiern um damit die Existenz oder das All-Sein zu
preisen. Die Weltschöpfung beginnt im Zoroastrismus am

Neujahrstag (*Nowrooz*) mit dem Kampf Ahura Mazdas gegen Ahriman. *Nowrooz* war für die Zoroastrier ein tragischer Tag, während der *Nowrooz*-Tag für die sich in den alten Traditionen bewegenden Iraner der erste Geburtstag einer ihrer Götter war.

***

Der Vogel war eine hervorragende Versinnbildlichung der Idee der „Paarschöpfung". Flügel und Schnabel bilden eine „gebundene Zweiheit" indem beide Körperteile die Eigenschaft teilen in einem gewissen Sinne „Wind" oder „bewegte Luft" zu erzeugen. Wie man aus seinen damaligen Bezeichnungen erkennt, galt der Schnabel des Vogels als eine *Nay* („Flöte"). Flügel und Schnabel können ein Bewegung der Luft erzeugen und damit ensteht „Wind". Die „Luft" galt als ein „ausgeruhter Wind". Der Wind, der die Flügel reziprok stimuliert, beinhaltet den für den Vogel erlebten Moment des Abhebens und er läßt die Fortbewegung in besonderer Wechselwirkung mit dem Flügel des Vogels zu. Der „Wind" wiederum der vom Schnabel erzeugt wird, zeigt das momentane In-Erscheinung-Treten von Klang, Musik und Melodie an. Das Bild des Windes war vom Verständnis über Melodie und Musik untrennbar: der Wind klingt und singt. Molavi (Rumi) bezeichnet in seinen Versen den Gesang der *Nay*, durch den die ganze Welt zum Tanz gebracht wird, als Musik und als Klang des Federschlags des Vogels (der Vogel Huma, *Homaa = Hu+maay* = „gute Mutter").

Die Feder (*Par*) wird in persischen Wörterbüchern auch als *Nay* oder „hornartige *Nay* aus der Haarfasern wachsen" definiert. Die sich bewegenden Flügel werden im Garshasp-nama Asadis mit dem Wind gleichgesetzt, und der Wind als Entzünder des Feuers oder als Initiator der Flamme beschrieben. Wie wir vorher bemerkten sah man auch die Göttin Artha als eine Feuerentzünderin oder Ingangsetzende des Feuers.

Der Schnabel des Vogels galt als eine *Nay* oder Flöte. Simorgh
trug an verschiedenen Orten jeweils unterschiedliche Namen,
die aber alle ausnahmslos ihren *Nay*-artigen Schnabel benennen.
Heutzutage glaubt man, dass diese Namen, Namen
verschiedener Vogelarten gewesen seien. Aber tatsächlich hat
man die Spuren dieser Gottheit und der Kultur in der sie
auftauchte versucht zu verdunkeln und ins Abseits der
Vergessenheit bringen. Die Namen: Anghaa, Samandar, Karshiv
und Ghoghnos sind solche verschiedenen Namen Simorghs
gewesen.

Ghoghnos leitet sich vom ursprünglicheren Kokh-nos ab. *Kokh,
Rukh, Lukh, Dukh* und *Dokh* alle diese Namens bedeuten
„Nay" („Flöte"). Die Nachsilbe *–nos* ist das gleiche Morphem,
das sich in den Wörtern „nose" im Englischen und „Nase" im
Deutschen findet. So bedeutet Ghoghnos „*Nay*-Nase". In den
Beschreibungen des Vogels Simorgh wird gerade dieser Sinn
bildlich dargestellt.

Anghaa ist ein weiterer Name Simorghs. Wenn man auch glaubt
der Name stamme von der arabischen Bezeichnung für
„Hals" ab, so muss man sich doch vergegenwärtigen, dass das
Wort *Nay* im Persischen auch eine Bezeichnung von
„Hals" gewesen ist. *Ang* bedeutete im Persischen auch *Nay*. Und
diese Vorsilbe bedeutet auch *Nay* in Namen Angra Mainyu =
Ahra Mainyu; dies ist ein anderer Name Ahrimans (auch *Hra*
und *Ghra* bedeuten *Nay*). Der Name Anghaa dieses Vogels hieß:
Nay-Hals. Außerdem gab es noch eine weitere persische
Bezeichnung für „Hals", und zwar das Wort *Glu*, das
ursprünglich *Gru* lautete, und das im Pahlavi wiederum:
„*Nay*" bedeutete. Der Hals wird auch, gerade weil er als *Nay*
galt, der Göttin Ram zugeordnet; der Göttin des 28. Tages, die
auch Ram-Jid, „Ram die Flötenspielerin" genannt wurde.

Ein anderer Name Simorghs ist Samandar: *Saman* bedeutet im
Persischen ebenfalls *Nay* und die Nachsilbe *–dar* oder *–andar*,

ist gleichbedeutend mit *Tohm* (Same) und *Andar* (Mutterleib = die Quelle). So heißt Samandar „Ursprung der *Nay*".

Der Name Kar-shiv hebt den Effekt der Melodie der *Nay* stärker hervor. *Kar*, wie auch *Gra* = *Ghra* bedeutet auch *Nay*. Das Wort *Schiv* deutet die Leidenschaft und die Extase in der Haltung an. Die Hervorrufung von Enthusiasmus und Begeisterung durch die Musik Simorghs wird im Garshasp-nama in aller Deutlichkeit dargestellt. Das bedeutete, dass diese Göttin durch ihren Gesang und mit der Melodie in Extase versetzen kann.

In den Büchern Asadis und Attars ist beschrieben, dass „Simorgh-Ghoghnos" einen Schnabel gleich einer *Nay* mit 360 Löchern hat, dass jedes Flötenloch wie ein anderes Musik-instrument klingt, dass alle diese Löcher zusammen klingen wie die Sinfonie aller Musikinstrumente zusammen, dass die Hörer tanzen und extreme Freude gewinnen, in Exzessen lachen und weinen, und, dass Simorgh-Ghoghnos der Ursprung der Musik ist.

Wenn auch die persischen Lexika mit aller Selbstver-ständlichkeit behaupten das Wort *Musighi* (Musik) sei vom Griechischen über das Arabische nach Persien gekommen, so ist genau das Gegenteil richtig. *Musighi*, das sich mit den Morphemen *Mu-se* oder *Mu-sl* bildet, ist eine Benennung Simorghs gewesen. *Mu-se* bedeut „drei *Nay*", in der gleichen Weise wie auch die Benennung *Sae-nay* = *Sae-na* (der Vogel Saena = Simorgh) „drei *Nay*" und somit auch einfach eine *Nay* bedeutet. Das Konzept der Dreieinigkeit, das seinen Ausdruck in vielen Begriffen der frühen iranischen Kultur fand, machte aus einer Dreiheit (wie *Se, Si*) eine Einheit. *Mu* bedeutete im Persischen ursprünglich *Nay* und *Se* oder *Si* bedeutet „Drei".

Im Arabischen nennt man das Gerät, das man zur Haarrasur verwendet: *Musi*, weil Rasiergeräte früher aus dem Schilfrohr hergestellt wurden aus dem man auch die *Nay* schnitzte. Heute nennen die Baluchen die Barbiere auch „*Nayi*".

Kurzum, das heutige Wort „Musik" ist nichts anderes als ein Name Simorghs, der Göttin der Flöte. Flöte und Flötenspieler sind miteinander identisch. Simorgh ist die Verkörperung der Musik, die die Welt mit ihrer Sinfonie erschafft und die das Fest des Lebens auf der Erde durch ihren Gesang initiiert.

Die Menschen brauchen keinen Feuerbringer – weder einen Prometheus noch einen Zarathustra

Der Mensch ist in der iranischen Kultur selbst ein „Same des Feuers", deshalb entwendet er das Feuer weder selbst, noch muss er auf einen Feuerbringer warten

Im griechischen Mythos entwendet Prometheus, als Feuerbringer des Menschen, das Feuer von Zeus aus dem Olymp. Auch Zarathustra bringt das Feuer, und zwar aus dem Paradies. Doch warum sollten Prometheus und Zarathustra dem Menschen das Feuer aus dem Olymp oder dem Paradies bringen, wenn der Mensch selbst schon ein „Same des Feuers" ist?

Derjenige, der dem Menschen das Feuer bringt, setzt voraus, dass der Mensch kein Feuer hat, und dass es in seiner Welt auch kein Feuer gibt; dass der Mensch in einer Welt ohne Feuer lebt, in einer Welt ohne Wärme und Licht. Das Leben begänne ohne Wärme und Licht, und immer wenn der Mensch in seinem Leben Licht und Wärme fühlt, muss er sich daran erinnern, dass beides etwas Entwendetes und ihm Gebrachtes darstellt, und dass sein Leben, dass ja schließlich aus der Wärme und dem Licht besteht, damit ein geliehenes ist.

So strahlt das Feuer, das Zarathustra aus dem Paradies für den Menschen bringt, von sich selbst kein Licht aus. Die Strahlung des Feuers (das Licht) rührt nicht vom Element des Feuers selbst, sondern kommt von dem unendlichen Licht, das die

Heimstätte des Gottes Ahura Mazda ist. Der Mensch erlebt die Wärme und das Licht in seinem Leben als etwas immer fremdes und fortwährend entliehenes – das Leben ist damit eine Dauerleihgabe.

Im Islam erschafft Allah den Iblis aus dem Feuer, dessen Natur die Widersetzung gegen Gott ist, und der Mensch wird aus der Erde geschaffen, der Allah jede Form geben könnte und deren Natur die Sterblichkeit ist. In des Menschen irdischer Substanz ist kein Feuer aus dem Wärme und Licht entstehen, denn solch eine immanente Wärme und solch ein Licht aus dem Leib selbst wäre als Widersetzung gegen Allah zu betrachten. Wie sich anhand historischer islamischer Quellen feststellen lässt, ist „Iblis" der Name des Königs der Pari's. Das Wort *Pari* und *Fari* im Persischen bedeutet „Freundschaft" und „Liebe" und es ist ein Name einer iranischen Göttin gewesen, die später in ihrer Bedeutung zu einem unsichtbaren Jin herabreduziert wurde. Auch wurde die Gestalt Simorghs in der persischen Literatur als Königin der Pari's bezeichnet. Im Koran erklärt Mohammed diese Göttin, die die Ähre aller Lebenssamen = der Herd der alle Feuersamen war, zum höchsten Widersacher Allahs und zum Urfeind des Menschen, denn diese Göttin zeugte und „streute" die Menschheit als Samen ihrer Ähre (*Khusche*) aus und all diese Samen sind Feuersamen: Unterschiedslos sind alle Menschen die glühenden Kohlen aus ihrem Herd – sie alle haben Teil an dem selbsterhebenden, sich behauptenden und himmelsragenden Wesen dieser Gottheit.

Alle arabischen Namen des Widersacher Allahs tragen ausnahmslos den Namen dieser Göttin. Im Arabischen wird Iblis auch *Haress* genannt, was eine Arabisierung des Wortes *Artha* = *Arrass* ist, und er wird im Arabischen auch *Abu-Mara* genannt, das, wie wir an anderer Stelle noch darlegen werden, die Bezeichnung einer Eigenschaft des Grundwesens der Gottheit Simorgh gewesen ist (*Mara* = *Amru* = *Amra*).

Im persischen Tabari-Dialekt wird der „Blitz" auch *Elbis* genannt. Al-Biruni erklärt in seinem Buch Al-Tafhim, dass man den Blitz im Iran auch als „Feuer" (*Athasch*) bezeichnet hat. Blitz und Wolke werden im Bundahischn als „*Sang*" benannt, da *Sang* ein „Paar" oder die Vereinigung zweier Dinge bedeutet. In der persischen Mythologie stehen Wolke und Blitz auch für Simorgh. Im Soghdischen wird die Wolke *Pari-we* und *Pari-awra* genannt. Das Wort *Alb* oder *Al-be* in Tabari bedeutet „gute Al" (der Name „Al" ist der Name einer Geburtsgöttin gewesen). Im dem Wort *El-bis* (in Tabari: „Blitz"), steht das „*bis*" für den „miteinander verbundenen Zwilling" (die durch ein drittes unsichtbares und ungreifbares Element zustande kommende *Trinität*).

Wolke und Blitz stellen gemeinsam in ihrer Eigenschaft als *Sang* (= Zwillinge) die Gottheiten Simorgh und Artha Khuscht dar. Die Göttin Artha Khuscht, die Zarathustra umbenannte zu Artha Vahisht, galt als die Schöpferin des Feuers. Mit der Behauptung, er habe den Feuerherd aus dem Paradies (*Behesht*) gebracht, hat Zarathustra bewußt Verwirrung gestiftet, denn das Wort „*Behesht*" (Paradies) ist eben das „Vahisht", mit dem er Artha, als ihr Attribut, versah.

Er selbst hatte die Gottheit Artha-we-Khuscht umbenannt zu Artha-Vahischt und damit einher ging seine Behauptung, dass er den Feuerherd von Ahura Mazda gebracht habe (gerade weil sein Gott keine Ähre ist und weil sein Licht nicht aus dem Feuersamen entstanden ist). Die Göttin Artha hatte keinen Feuerbringer nötig. Sie schüttelte und streute ihre Ähre (den Feuersamen) aus, der direkt und unmittelbar in allen Leibern seinen Platz nahm. Der Gedanke eines Feuerbringers war ein Begriff, der dem der Schöpfungsart Arthas ein entgegengesetzter war.

Man betrachtete den Menschen in der frühen iranischen Kultur als einen Samen des Feuers. Die Gottheit Artha **Khuscht**

(„Artha die Ähre"), die Zarathustra zu Artha-Vahischt umbenannte um ihr ährenhaftes Wesen zu negieren, galt als als ein Feuerherd (als ein Sammelbecken aller Feuerteilchen) weil jeder Same (*Tokhm*) ihrer Ähre ein Urelement und ein schöpferisches Element ist, das sich *als Feuer* (Lebenswärme) in die Welt wirft und verbreitet, und das schließlich in jedem Körper, wiederum selbst als ein Herd, ein Zentrum von Wärme wird.

Einen Feuerbringer oder einen Feuerentwender wie Prometheus in der griechischen Mythologie gibt es in den iranischen Mythen nicht. Dort hatte das Feuer mit einer immanenten schöpferischen Kraft der Welt und des Menschen zu tun. Ein Feuerbringer oder -entwender hätte sich aus dem frühen iranischen Götterbild nicht ergeben können, weil dadurch eine unmittelbare Verbindung zwischen Gott und Mensch gebrochen wäre.

Bei dem Bild des Same- und Feuersame-Seins des Menschen geht es um ein von-sich-selbst-Sein, ein „selbst die Quelle der Erkenntnis und Liebe Sein" und ein „selbst der Ursprung von Zivilisation, Ordnung und Vergesellschaftung Sein". Bereits die Tatsache des Feuerbringens negiert die Ursprünglichkeit der Menschen und der Welt. Vor diesem Hintergrund betrachtet wird auch klar, dass die Lehren Zarathustras zu einem jahrtausendlang währenden und tragischen Konflikt mit den alten Fundamenten iranischer Kultur führen mussten.

Das Bild Zarathustras als dem Feuerbringer aus dem Paradies stand dem Welt- und Gottesbild des alten Iran entgegen. Keiner würde der Welt und dem Menschen von außen her das Feuer bringen, denn die Welt (*Giti*), die selbst das Gesamtleben darstellt, ist ein gebundenes Feuer = Same = *Tokhm*. Die Welt ist existent, weil jede Erscheinung in ihrem Kern Feuer ist, und sie gleicht einem großen Ofen oder Herd, der übervoll ist mit brennbarer Kohle. Das Feuer kann nicht von der Existenz der Welt getrennt sein, denn das Leben selbst ist das Feuer. Das

heißt, die Welt kann nicht ohne Feuer sein und man hat dieses
Element nicht erst in die Welt bringen müssen. Das Feuer kann
in der Welt nicht als etwas Fehlendes gelten, das importiert
werden könnte um eine Reihe praktischer Lebensbedürfnisse zu
decken, oder um eine neue Nachfrage nach etwas Neuem zu
erzeugen, denn alles was in der Welt lebt, lebt weil es selbst
Feuer ist.

Das Feuer oder der Lebenskeim oder Same = *Tokhm* (*Tukhm,
Tom*) = der gebundene Zwilling, ist der schöpferische Kern von
allem Seienden oder Lebenden. Jeder Gegenstand der wirkt oder
Wirkung empfängt, ist eine Flamme eines Feuersamens, der in
den Körpern lodert. Jeder der lebt, trägt in seinem „Mutterleib" (der Materie = *Tan-kard*): Artha-we-Farward (das Wort
We ist das heutige *Beh* und im Avestischen das *Vohu*, und es
bedeutet: „gute").

Die Gottheit Artha schöpft die Welt nicht mittels eines Befehls
und außerhalb ihres eigenen Wesens, sondern sie gleicht einem
Vulkan der seine Asche (pers. *Khakestar* = *aag* + *star* =
„Samen-Steuer"; das Wort *Khaak*, das Erdstaub bedeutet leitet
sich von der Wurzel *Haag* = „Ei" beziehungsweise *Aag* =
„Weizenähre" ab), das heißt ihre Feuersamen (Ähre), überall hin
schüttet und in der Weise die ganze Welt aus sich entstehen
lässt. Die Welt ist eine göttliche Verlängerung oder Fortsetzung.
Gott dehnt sich in der Welt und im Menschen aus. Göttliche
Substanz verwandelt sich und nimmt eine andere Form an. Das
Göttliche dehnt sich aus und die Welt ist ein Brand alles
Seienden. Die Gottheit Artha verstreut ihre schöpferische Kraft
und ihre schöpferische Vernunft (*Asan Kharad* = *Athange
Kharad*) und damit entstehen die Welt und die Menschen.

In jedem ihrer Samen die sich aussäen, ist ihre eigene
schöpferische Kraft enthalten. Man nannte ihre Haupt-
eigenschaft daher: *Hu-bis*. Das hauptsächliche Attribut des
Alllebensbaumes (der den Samen von allem Lebendigen trägt)

heißt: *Hu-bis* und *Vispos bis*. Die Silbe pers. *bis* entspricht der Silbe *vis*, *vi* und im Altpersischen *vith*, das im Englischen „*with*" und im Lateinischen zu „*bi*" geworden ist. Jedes Teilchen dieses Alllebensbaumes und seiner Samen ist schöpfend = ein von sich selbst seiendes, wirkendes und gebärendes, weil es ein gebundenes Paar ist (*Sang* oder *Athanga* = *Amar* = *Mar* = *Vi* = *Gao* = *Gi* = *Asim* = *Sim* ...). Simorgh oder Artha wird auch bezeichnet als „*Vi-daeva*", als ein Gott mit trinitäter Seinsart oder ein Gott der eine miteinander verbundene Zweiheit darstellt. Die Samen = *Tukhm* = *Tom* dieser Gottheit sind, wie sie selbst, selbstschöpfend und vollkommen eigenständig. Sie haben die Fähigkeit sich zu erneuern und sich selbst wieder zum Leben zu erwecken.

Das Feuer oder der göttliche Same ist in jedem Wesen vorhanden und dadurch ist jedes Element ein aus sich selbst gebärendes. In Pahlavi wird „Element" *Zahak* und auch *Zahgaan* genannt, das „lebensgebärend" oder „etwas, das sich selbst gebiert" heißt. Alles was sich von selbst gebiert oder Leben gebiert, setzt sich aus einem Samen („Sperma") und einem Mutterleib zusammen (aus miteinander verbundenen Zwillingen, aus etwas, das als eine gebundene Zweiheitlichkeit auftritt). Etwas ist ein Element = *Zahak* = selbstgebärend, weil seine Eigenschaft die des *Vi* = *Sang* (dt. „Stein") = *Gao* = *Jugh* (*Jut* = dt. „Paar") = *Amar* = *Maethe (Med)* = *Yima* ist (das französische Wort *la vie*, das Leben bedeutet, ist eben dieses Wort). Die Idee einer gebundenen Zweiheitlichkeit die selbstschöpfend ist findet sich später noch in religiösen und mythischen Auffassungen über die vier Elemente (Feuer, Luft, Wasser, Erde). Feuer, Luft, Wasser und Erde haben allesamt eine zweiheitliche Eigenschaft in der sie sich, durch die Beweglichkeit der inneren Zweihaftigkeit, fortwährend mit anderen Elementen verbinden können. Sie sind dadurch imstande ohne eine äußere Manipulation „von selbst" d.h. immanent neues schöpfen zu können. Feuer ist beispielsweise trocken und warm. In seiner trockenen Eigenschaft wird es zur Erde hingezogen und in seiner Wärme sucht es die Verbindung mit der Luft. Wenn man sich später, seit dem Aufkommen der Schöpfergötter, an das Prinzip der Paarschöpfung auch nicht mehr erinnerte, so hat die Idee doch bis heute ihre eigene Plausibilität erhalten können.

Auch die sieben Himmelssphären teilen diese selbstschöpferische Verbindungskraft oder Trinität (die durch ein drittes unsichtbares und ungreifbares Element verbundene Zweiheit), so wie auch die menschlichen Körperteile, in denen das Prinzip überall wirkt (*Sang* oder *Asan* = *Amar* = *Jugh* oder *Jut* = *Vi* oder *Bis* oder *Gao* oder *Gi*). Man betrachtete die Nerven und die Adern und Venen als Ausdruck der Gebundenheit der Gottheiten Bahram und Ram.

Obgleich das alte Weltbild von den zoroastrischen Mubeds weitestgehend eliminiert wurde, ist doch vieles davon für uns im Birunis Buch Al-Tafhim bewahrt geblieben: Das *Sang*-Sein (Stein-Sein), das *Vi*- oder *Gi*-Sein, oder das *Mar*- (*Amar*-) oder *Yima*- (*Jimak*-) Sein bedeutet eine eigenständige Quelle des Feuers, des Lichts, der Bewegung und der Erkenntnis sein. Es bedeutete auch selbst der Ursprung von Erneuerung und der Initiator von Gesetzen, Gesellschaft und Ordnung zu sein. Alle diese Eigenheiten nahmen ihren Ursprung in der gleichen Existenzauffassung.

Aus diesem Grund auch hieß der Urmensch Yema = Yima = Jam, das Zwilling bedeutet. Und auch die Bezeichnung des Menschen = *Mar-Tukhm* überhaupt bedeutet „Zwillings-Same". Die zoroastrische Theologie wandelte das Wort *Mar-Tukhm* um zu *Marata-Tukhm* das wörtlich „sterbender Same" bedeutet. Einhergehend mit dieser Umbenennung wurde der Mensch auch seiner eigenen Ursprünglichkeit beraubt. In dem Moment in dem Zarathustra die Idee der Paarschöpfung in den Gathas negierte und Artha als Ähre verneinte (das heißt den Gedanken des Gottes als Samen von allem Lebendigen) begannen die zoroastrischen Theologen auf der Grundlage seiner radikalen Erneuerung damit, die gesamten iranischen Mythen umzuarbeiten. Zarathustras erneuernde Umdeutungen begannen beim Namen des Menschen. „Die Menschheit" heißt *Mar-tokhm* (*Mar-dukhm*). Die Achämeniden nannten den Menschen *Mar-tiya*. Beide Namen (*Mar-tukhm* = *Mar-tiya*) tragen die wörtliche Bedeutung: „Same der Zwillinge".

Eine Bedeutung von *Mar* = *Amar* ist „Zwilling" und eine weitere ist 33 (drei und dreißig, das ist die Anzahl der iranischen Zeitgötter). *Mar-tohm* (oder auch *Mar-tiya*) bedeutet auch „der Same aller Götter zusammen" (in unserer Darlegung über die Entstehung der 33 iranischen Zeitgötter haben wir ihr Erscheinen als unendliche Wachstumskette des Zeitbaumes als „3 + 27 + 3" erklärt. Die Begriffe *Mar* und *Amar* beinhalten diesen Entstehungsablauf, und bedeuten somit also auch alle, d.h. 33 Zeitgötter). Andererseits ist *Mar* = *Amar* auch der Name desjenigen Gottes, nach dem der 29. Tag jeden Monats benannt war. Dieser Gott hieß auch Amahr-Spanta bzw. Mar-Spanta, und der Name der ihm zugeordneten Pflanze (der Lorbeerbaum) ist ebenfalls die Bezeichnung: *Sang*, die auch „Stein" bedeutet.

Mar-Spanta ist der Gott der Heirat und verbindet den 30. Tag des Monats, der dem Gott Bahram zugeschrieben wurde, mit dem 28. Tag, dem Tag der Göttin Ram. Diese beiden, Bahram (Behrooz) und Ram (Golchihre), sind die männlichen und die weiblichen Urkräfte, die in jedem Samen oder Keim vorhanden sind, und die durch Amar-Spanta (*Sang* = *Mar*) miteinander verbunden werden. Die aus diesen drei Gottheiten (Bahram, Ram, Amar-Spanta) bestehende Dreieinigkeit befindet sich an der Spitze des Zeitbaumes zu jedem der zwölf Monate, und sie bilden gemeinsam den Samen, aus dem die neue Zeit (dreißig Zeitgötter = dreißig Äste des Zeitbaumes = dreißig Vögel) erwächst.

Dieses *Mar* oder *Sang* ist die gleiche verbindende Kraft, die im menschlichen Keim (*Mar-Tukhm*) vorhanden ist, und die den Grund bildet warum der Urmensch, der die Gesamtheit der Menschen darstellte: Jam (Yima) d.h. ein „gebundener Zwilling" genannt wurde. Yima oder Jam, das „Zwilling" hieß, galt als der Ursprung aller Menschen. Die Zwillingshaftigkeit oder das Same-Sein = *Tukhm*-Sein, war der Ausdruck dessen, dass Menschen (eine Frau oder ein Mann) selbst Maßstäbe aller Dinge sind, und dass sie selbst die Welt zum Ort der Freude und zum Ort eines langen Lebens machen können. Jam kann die Welt mit seiner eigenen *Khrad* (Vernunft) fördern und zivilisieren.

Zarathustra reißt die Wurzel des Menschen aus Gottes Boden heraus aber betrachtet das Getrenntsein des Menschlichen vom Göttlichen als die Ursünde des Menschen

Der menschliche Feuersame (seine Natur)
bildet sich aus der Zusammenkunft von 5 Göttern
1 - Raam, 2 - Artha (Simorgh), 3 - Bahram
(Varthragna)
4 - Sraoscha, 5 - Raschn

Warum der Mithraismus
Cautes (Raschn), Cautopates (Seraoscha) und Mithras
als eine Trinität begriff

Im Bundahischn erfahren wir, dass der Mensch sich der
iranischen Mythologie zufolge in einem bestimmten Zeitraum
entwickelt hat, nämlich von Tage Ram (dem 21. Tag) des
zehnten Monats im iranischen Kalender (der 10. pers. Monat
Day fällt mit mit dem Zeitraum vom 22. Dezember bis zum 20.
Januar im Gregorianischen Kalender zusammen) bis zum letzten
Tag des Jahres (dem 360. Tag im persischen Kalender im Monat
Sepandar Madh bzw. *Espand / Esfand*). Die fünf Tage am Ende
des Jahres bilden den Keim oder Samen, aus dem das neue Jahr
erwächst. Diese 5 letzten Tage des Jahres sind durch die Zoroastrier umbenannt worden, und zwar hat man sie mit den
Anfangsnamen der 5 Teile der Gathas (der Lieder Zarathustras)
benannt. Zeit und Welt waren dadurch nicht mehr das aus dem
Samen Gewachsene, sondern stattdessen das durch die Worte
und Lieder Ahura Madzas Geschaffene.

Die menschliche Entwicklung und das Erwachsen des Menschen dauert 70 Tage. Zuvor aber wird ein 5-tägiges Fest abgehalten. Nach der zoroastrischen Vorstellung hat Ahura Mazda mit der Beendigung dieses Festes den Urmenschen Kayomarth (Gaya Mare-tan) erschaffen. Die Gestalt des Gaya Mare-tan wird in der zoroastrischen Theologie als der Urmensch vorgestellt. Warum? Immerhin wurde genau mit der Einführung dieses Urmenschen das Schöpfungskonzept der altiranischen Kultur auf den Kopf gestellt.

Das 5-tägige Fest (der 17., 18., 19., 20., und 21.) und der 16. Tag des Monats verkörperten den Feuersamen des Menschen und damit seinen Ursprung. Aus diesem Feuersamen, der sich aus 5 Göttern zusammensetzt, wächst der „menschliche Baum"; keineswegs aber eine Schöpfung aus Ahura Mazdas Willen und seinem Wissen (Licht). Die Vereinigung und Verschmelzung von 5 Göttern zu einem Samen war die Natur des Menschen beinhaltend. Das heißt am Lebenssamen des Menschen haben 5 Götter teil, sie haben sich im Menschen miteinander verbunden und die Natur des Menschen ist ein Bündnis dieser 5 Götter. In einer Auseinandersetzung mit dem Wesen und der Funktion dieser Götter, können wir das Menschenbild des alten Iran veranschaulichbar machen.

Die zoroastrische Theologie erkennt das 5-tägige Fest zwar formal an, aber sieht darin nicht mehr den Aspekt des göttlichen Feuersamens, aus dem der Mensch gewachsen ist. Dieses Fest war aber ursprünglich deshalb ein Fest gewesen, genau weil es als der „Feuersame" betrachtet wurde der die menschliche Natur bestimmte. Tatsächlich gab über das ganze Jahr verteilt sechs solcher 5-tägigen Feste, diese sechs Feste waren Schöpfungsfeste und spielten eine wesentliche Rolle im kulturellen Leben des Iran. Sie waren das über den Verlauf des ganzen Jahres symbolisch verbreitete Feuer, das den frühsten irdischen Ursprung manifestierte. Die Bedeutung dessen war, dass die gesamte Schöpfung aus 6 Feuersamen nacheinander gewachsen ist. Aus 6 Feuersamen wuchsen sechs Schöpfungsbereiche. Und diese sechs Schöpfungsbereiche, die 6 Jahreszeiten waren, sind gewesen: 1. der wolkige Himmel (Simorgh), 2. das Wasser, 3. die Erde, 4. die Pflanzenwelt, 5. das Tierreich und 6. die Menschen. Der Jahreszyklus überhaupt teilte sich in sechs Jahreszeiten. Diese Sechs Feuersamen (oder drei Paare) nun waren Artha-we-khuscht, die Ähre Artha.

Nach zoroastrischer Vorstellung schuf mit dem Vergehen jedes der sechs 5-tätigen Feste des Jahres der Gott Ahura Mazda diese Schöpfungsbereiche. Die 5 Tage tragen im Zoroastrismus selbst keine Bedeutung eines Feuersamens oder Ursprungs des wolkigen Himmels, des Wassers, der Erde, der Pflanzen, der Tiere und der Menschen. Ahura Mazdas Wissen und sein Willen verdrängt den Samen und damit das Wachstum aus dem Samen. Diese Feste verloren damit ihren ursprünglichen Sinn und Wert. Die Schöpfung durch den Willen und das Wissen ersetzen das Wachstum und die Entwicklung aus dem Feuersamen, und von diesem Punkt an wird der Mensch als eine Schöpfung Ahura Mazdas betrachtet; das einstige Schöpfungsfest wird zu einer mehr oder weniger sinnentleerten Feier.

Der Tag vor dem Fest (der 16. Tag) wurde Mithra genannt. Im Zoroastrismus und Mithraismus hat man diesen 16. Tag und seine Gottheit uminterpretiert und den ursprünglichen Sinn verzerrt um die eigenen Weltanschauungen zurechtzulegen. Wer war die Gottheit Mithra? Im Namen der Pflanze, die diesem Tag zugeordnet wurde, kann man ihr ursprüngliches Wesen erkennen: Diese Pflanze heißt *Mehr-gyah* („Liebespflanze"), sie trägt auch noch andere Namen, einer davon ist *Hassan-Baghi*, dessen ältere Form *Assan-Baghi* gewesen ist. Dieser Name heißt „Stein-Gottheit". Das bedeutet, die Gottheit Mithra ist eine „Gottheit der Verbindung und Vereinigung". Eine ihrer weitere Benennungen die im Laufe der Zeit stark abgeändert wurde lautet: „Behrooz und San-am". Behrooz entspricht dem Namen Bahram, und Sanam, das dem Namen San bzw. Saena entspricht, ist die Gottheit Artha. Das Prinzip der Synergie oder der Paarung (von Bahram und Saena = Artha) war die Quelle aller Bewegung, Schöpfung und Entwicklung.

Der nächst folgende Tag, der 17., ist Seraosche (Cautopates) und den 18. Tag repräsentiert Raschn (Cautes). Der Mithraismus hat die drei Gottheiten des 16., 17. und 18. Tages zur eigenen Trinität erwählt und dabei aber das Konzept das Mithra verkörperte abgewandelt. Cautes, der ursprünglich Kavat heißt, bedeutet „Initiator". Der „Feuerentzünder" ist in der iranischen Mythologie und Weltanschauung der Schöpfungsinitiator. Cauto-pates heißt „Kavat-pat". Das Wort *Pat* bedeutete „Paar", die Bedeutung des Wortes wurde später in Sinne von „anti" („gegen") umgedeutet. Hier bedeutet es aber der Partner und Zwilling von Cautes (Kavat). Diese drei Götter erschaffen im Mithraismus gemeinsam die Welt. Die Zusammenhänge in denen sie auftreten bedürfen aber einer genaueren Ausführung.

Der Feuersame des Menschen in der Artha-Religion bestand aus der Verbindung von 5 Göttern:

Tag 17 – Seraosch (Cautopates)
Tag 18 – Raschn (Cautes)
Tag 19 – Artha we Farvard (Simorgh = Humaay = Saena)
Tag 20 – Bahram
Tag 21 – Raam

Um die Natur des Menschen zu verstehen, muss man die Eigenschaften dieser Götter näher kennen. Jam oder Yima war die Verkörperung des ursprünglichen Menschenbildes, das unmittelbar aus der „Liebespflanze" *Mehr-gyah* (Artha und Bahram, Assan-Bagh) gewachsen war. Mit der Annahme Gaya-mare-tans (*Mehr-gyah*) als ‚den sterblichen Urmenschen', hat die zoroastrische Theologie aber den Ursprung der gesamten Schöpfung zu einem Geschöpf Ahura Mazdas uminterpretiert, und zugleich wurde damit auch die Idee der Paarverbindung als

das ursächliche Schöpfungsprinzip zunichte gemacht. Das Wort
Gaya-mare-tan (Kayumarth), das sich zu dem Wort *Gyah-
Mardom* umformte, bedeutet: „etwas was aus der Verbindung
von einem Paar im Mutterleib heranwächst". *Mare* = „Paar",
Tan = „Mutterleib".

Gaya-mare-tan aber ist der Same aus dem die Welt wächst. Die
zoroastrische Lehre hat mit der Umdeutung des Ursamens der
Welt hin zu einen „sterblichen Samen", den Ahura Mazda
erschaffen hat, die Ursprünglichkeit der Welt und der Menschen
mit einem Schlag aus ihren Wurzeln gerissen, was in der iranischen Welt in einem tiefenkulturellen Konflikt resultierte. Die
Familie Sams (Kershasp, Zal, Rostam) aber verweigerte sich
den neuen Glauben anzunehmen, so wie sie sich vorher bereits
geweigert hatte den Mithraismus anzunehmen.

Wir möchten hier versuchen den Aufeinanderprall der zoroastrischen Weltanschauung mit der arthaischen, anhand der
Erzählung über Jamschid (Yima) wie sie uns im Schahnameh
erhalten ist, genauer zu betrachten. Durch diese Betrachtung
können wir ein besseres Verständnis entwickeln über die
tragische Verwandlung der iranischen Kultur, ihre fortdauernden
inneren Konflikte und die durch die zoroastrische Religion sich
ergebenden Verzerrungen.

Yima (Yema, Jam) wird im Hymnus der Gathas als der
Ursprung überhaupt vorgestellt und nicht als Urmensch.
Zarathustra verstand unter dem Begriff des Ursprungs aber
etwas der alten iranischen Vorstellung völlig entgegengesetztes.
Er sah in dem Ursprung zwei Kräfte, die klar voneinander
getrennt und gegensätzlicher Natur sind und diese zwei
entgegengesetzten Kräfte sind auch nicht miteinander zu
verbinden. Der Mensch hat nur die Möglichkeit zwischen zwei
sich entgegestehenden Prinzipien zu wählen und in der Konsequenz dessen gegen das entgegen- oder zuwiderlaufende andere
Prinzip zu kämpfen. Der Ursprung selbst klärt und erhellt sich

durch die Trennung und die Entgegensetzung, und damit wird
auch der Begriff von Licht und Helligkeit in der zoroastrischen
Religion festgelegt. Eine „Erkenntnis" wird durch die Schei-
dung, die Trennung und das Auseinanderschneiden bzw. die
Zergliederung bestimmt. Dieser Gedanke stand der altiranischen Auffassung über die Erlangung von Erkenntnis entgegen.
Für die Iraner entstanden Licht und Helligkeit durch die Paarung, die Verbindung und Zusammensetzung. Der Same wächst
durch die Verbindung vom Wasser mit dem Samen, und er
bringt damit seine verborgenen Eigenschaften ans Licht. Gott
oder die Wahrheit waren der „Saft" oder die „flüssige
Essenz" der Welt. In dem Moment, in dem der Mensch als Same
das göttliche Wasser aufsaugt „wächst und erblüht" er. Das
Ergrünen und Herauswachsen aus dem Samen vermittelte den
Begriff von „Licht und Erkenntnis". Die Erkenntnis war ein
gemeinsames Unterfangen von Mensch und Gott (der Essenz
der Welt), das heißt Erkenntnis und Licht entstanden durch die
„Zusammensetzung" von Gott und Mensch, oder besser, durch
das Aufsaugen Gottes im menschlichen Sein. Aus der Zusammensetzung und Verbindung entstehen Licht und Erkenntnis.
Der Urmensch Yima war, wie schon sein Name bezeugt, in
dieser Weltanschauung ein verbundener Zwilling = ein verei-
nigtes Paar. Er war somit selbst die Quelle der Erkenntnis und
der Lichts. Die Vernunft (*Khrad*) wuchs durch seine Sinne.

Dieses Menschenbild hatte keinen Platz in der Weltanschaung
Zarathustras. Doch da die Auseinandersetzung mit dem Bild des
Jam (Yima) bei den Iranern über die Zeit nicht an Bedeutung
verlor und seine Gestalt selbst noch unter islamischer Herrschaft
als ein Ideal der Erkenntnisfähigkeit fortbestehen konnte, blieb
seine Gestalt für den Zoroastrismus eine problematische Angelegenheit. Man musste sich überlegen wie man den Yima, und
das heißt das im Volk vorherrschende Idealbild vom Menschen,
interpretieren sollte und inwieweit man die durch ihn
transportierten Inhalte annehmen oder ablehnen wolle. Diese
Ambivalenz führte aber zu zahlreichen Widersprüchen, die uns

heute nichtsdestotrotz dabei helfen können das ursprüngliche
Bild zu rekonstruieren. Eines der Bilder des Jam, Yima oder
Jamschid ist das im Schahnameh wiedergegebene. Jamschid
wird hier auf die Rolle des vierten Königs reduziert, aber er
bleibt der Stifter der menschliche Zivilisation, die er auf der
Grundlage seiner eigenen Vernunft und seines Willens errichtet.
In dieser Sage sagt er, dass von ihm selbst all seine Virtutes und
besonderen Fähigkeiten stammen. Er sagt voller Selbstbehaup-
tungswillen und Selbstgewissheit, dass er die Welt zum Schönen
geordnet habe – nach seinem Willen und seiner Vernunft; er
entdeckt die Kunst des Webens und der Kleiderherstellung, wie
man Ziegelsteine herstellt und das Bauen von Häusern und
Bädern, wie man aus dem Gestein Edelsteine fördert, die
Konservierung von Wohlgerüchen, das Leibeswohl und
schließlich die Medizin. Er empfiehlt, dass die Menschen sich in
einer von vier Berufsklassen bilden und organisieren sollen: als
Geistliche, im Militär, als Bauern oder Kunstschaffende.

Als er all die Geheimnisse der Natur mittels seiner eigenen
Vernunft entdeckt hat, baut er Schiffe und umsegelt die Welt.
Aber nachdem er dank seiner Vernunftsbegabung alle Zivili-
sationselemente erlangt hat und so die Langlebigkeit des
Menschen durch Wohlfahrt garantieren kann, wird diese
Vernunft nun plötzlich zum Urgrund der Anmaßung gegen Gott.

Plötzlich werden die Vernunft und der Eigenwille, mit der
Jamschid die Zivilisation begründet hat, zu einem Hinweis auf
seine Komplizenschaft mit dem Satan (den Divs oder Ahriman).
Jamschid fährt nun mit der Hilfe des Satans (den Divs) zum
Himmel. Die menschliche Vernunft und der Wille zeigen am
Ende ihre tatsächliche satanische Natur, so wird uns im
Schahnameh erklärt: Als er all seine Ziele erreicht hat, will der
König Jamschid noch höher in seinem Rang steigen und er
errichtet sich einen *Kaare* (Thron), der auf seinen Befehl von
den Divs („vom Teufel") von der Erde hoch zum Himmel
getragen wird. Die Vernunft zeigt ihre ahrimanische Natur und

sie drängt ihn in himmlische Bereiche, die er auf diese Weise nicht betreten darf.

Die Himmelfahrt wurde im zoroastrischen Denken als ein Eindringen in die göttliche Domäne und damit als eine Sünde betrachtet, im Gegensatz dazu war sie in der altiranischen Kultur eine notwendige „Bewegung" in der Erkenntnisgewinnung. Der Ursame des Menschen (*Axv*) hatte vier Kräfte, die dessen vier Flügel darstellten. Aus dem Gottesfunken (dem Samen) erwuchsen der Seele, nach der frühen iranischen Vorstellung, vier Flügel die den Flügeln Simorghs oder Humaays – ihrem Ursprung – entsprachen. Die menschliche Seele war ein „Seelenvogel" und die Erkenntnis wurde als eine Himmelsfahrt der Seele verstanden. Aus diesem Grund wurde auch Kyros mit vier oder acht Flügeln dargestellt. Dies bedeutete, dass er im direkten Kontakt mit dem Göttlichen stand. So etwas war im zoroastrischen Denken aber nicht erlaubt. Nun wo der Mensch als der „Same der Ähren-Gottes" durch Zarathustra negiert wird, gilt die Himmelsfahrt der Seele als höchste Sünde. Am Neujahrsfest (dem ersten Tag des Jahres, dem Tag der Neuschöpfung) wird Jamschid zum Partner Satans. Das Wort *manidan*, das „denken" bedeutet, wird in dem Kontext in seinem Sinn auf den Kopf gestellt und ihm wird nun die Bedeutung des Sich-Anmaßens und des Sich-als-Gott-Betrachtens gegeben.

Der Gebrauch des menschlichen Denkens zum Fördernis von Zivilisation und Wohlfahrt und zur Organisation der Gesellschaft wird hier als Ursünde und als Teuflisches festgelegt, und Yima (Jam) muss dann schließlich aus diesem Grunde in der Mitte entzwei gesägt werden. Das menschliche Denken zur Ordnung der Welt und der Gesellschaft wird verteufelt und als höchste Sünde strafbar gemacht. Die Vernunft des Menschen (*Xratu* = *Xra* + *ratu*), die nicht mehr die Metamorphose der Gottheit Artha (*Ratu*) im Leib des Menschen ist und somit den Menschen und seine Welt bildet, ist damit verdammt. Die menschliche *Xratu* (Vernunft) war nichts anderes als die Umformung des Feuersamens (*A-rtha* = *raatha, ratu*) zum Licht der Erkenntnis der Sinne, zum Schutze und Fördernis des Lebensfeuers. Zarathustra vernichtete diese Teilhaftigkeit der menschlichen Vernunft (*Xratu*) an Gottes (Artha) Substanz. So wurden alle Mythen die von Jamschid (Yema) handelten in der Weise umgeändert, um die eigentliche Verdammung als eine Sünde des Menschen selbst darzustellen.

Erkenntnis und Licht sind das, was am ‚menschlichen Baum' wächst

In der iranischen Kultur betrachtete man die Erkenntnis als in dem Moment entstehend, in dem der Mensch und Gott sich als Paar vereinigen
Der Mensch ist der Same und Gott ist das Wasser
Wenn der Same das Wasser trinkt erwachsen die Erkenntnis und das Licht (das Leuchtend-Sein und die Grünheit)
Das Wasser symbolisierte die Essenz oder den Saft der lebendigen Welt

Der Mensch oder der *Mar-Tokhm* ist das wachsende Sein und die Erkenntnis, die identisch ist mit dem Licht das aus seinem Baum-Wesen wächst und ergrünt. Das Begriffspaar von „Helligkeit und Grünheit" ist in der altiranischen Weltanschauung untrennbar gewesen. Es beinhaltet die Verbundenheit der Erkenntnis mit der Fröhlichkeit, der Frische, der Heiterkeit und der Erneuerung. Auf der anderen Seite impliziert der Gedanke des Wachstums des Samens – weil der *Tokhm* (*Mer-Tokhm*) mit dem Feuer gleichgesetzt wurde – gleichzeitig auch dasjenige Feuer, das (selbst) entflammt und aus dessen Flammen Licht und Wärme strahlen. Dies bedeutete, dass Erkenntnis und Wärme (Freundschaft und Liebe) im Wachsen aus dem menschlichen Feuersamen erstrahlen.

Diese Idee eines Prozesses der Entwicklung menschlicher Erkenntnis spielte in der arthaischen Kultur eine wesentliche Rolle, die auch als der Iran vom Islam beherrscht wurde als ideales Bild nebulös in der iranischen Literatur weiterlebte.

Dass Erkenntnis einerseits mit Pflanzen, in der Bibel, und
andererseits mit dem Feuer bei Prometheus in Griechenland
verbunden ist, legt die Vergleichbarkeit der beiden Kulturen mit
der iranischen Vorstellung von menschlicher Erkenntnis nah. In
der Bibel begegnet man der Idee, dass der Mensch durch das
Essen der Frucht des verbotenen Baumes der Erkenntnis zur Erkenntnis gelangt und damit gegen das göttliche Gebot verstößt
und seine Ursünde begeht. Der Mensch darf durch das Essen
von der Frucht des verbotenen Baumes Gott nicht ähnlich
werden. Jahwe verbannt ihn aus dem Garten Eden in der
Befürchtung, dass der Mensch auch noch von der Frucht von
dem zweiten verbotenen Baum essen und Gott damit noch ganz
ähnlich würde. Hierin entdeckt man, dass das göttliche Sein
pflanzliche Eigenschaften hat. Der Prozess des Essens bedeutet,
dass der Mensch sich durch das Essen von dieser Pflanze (d.h.
von Göttlichem) Gott in sich einverleibt und verdaut und
dadurch am göttlichen Wesen teilhaft wird. Die zwei Bäume im
Paradies kennzeichnen zwei Grundeigenschaften Jahwes, und
der Mensch darf an diesem göttlichen Wesen nicht teilhaftig
werden.

Das „Essen" implizierte in der iranischen Weltanschauung, weil
es mit beißen, dem Zubeißen der Zähne, dem Zerreißen und
dem Kauen zu tun hatte, Zorn und Agressivität (Lebensver-
letzung). Selbst bis heute trägt das persische Wort für „essen":
Xvardan tatsächlich die wörtliche Bedeutung von „trinken",
obgleich man sich im älltäglichen Sprachgebrauch dieser
Besonderheit nicht bewusst ist. Die Grundeigenschaft der Erkenntnis war im Iran ihre Funktion des Lebensschutzes und der
Lebenspflege. Gott ist selbst das Allleben, und das Essen Gottes
mit den Zähnen bedeutete Gott (und damit sich selbst) zu zerreißen und dem Lebendigen Leid zuzufügen. Die Erkenntnis
wurde in der iranischen Welt mit dem Wasser und dem Trinken
und Aufsaugen des Wasser in Verbindung gebracht. Der Same
(*Mar-Tokhm* = Mensch) muss das Wasser in sich aufnehmen um
zu wachsen: Dies war ein Prozess der Liebe, der Paarung und

Vereinigung. In Sarvestan in der Provinz Fars sagte man zum Wasser trinken: *mehr heštan* = „Liebe gewähren" oder „Liebe zulassen". Der „Mutterleib" wurde auch *Ābgāh* (Zisterne) genannt. Das Wort „saugen" (= *mekidan* = *migidan*) hat sich als Verb aus dem Wort *Mak* gebildet, das Schilfrohr und Flöte bedeutet. Die „Flöte" bezeichnet auch den „Mutterleib" und die „Mutterbrust". Erkenntnis ist „im Mutterleib schwimmen" und „aus der Mutterbrust Milch saugen".

Wie wir noch sehen werden umfasste der Begriff des Wassers (*Āb, Ape, Aveh*) die gesamte Existenz und alles Lebendige. Im Bundahischn werden alle Säfte und die Essenz des Lebendigen und der Pflanzen, beides, als „Wasser" benannt. Die Welt ist ein Meer solchen Wassers. Das Göttliche war der Saft, das Öl oder die Essenz von allem Lebenden. Daher wurde der Hauptgott (der erste Tag) entweder Khorram-Zhada oder Rim-Zhada genannt; *Zhada* war dieser Saft, diese Milch oder das Harz.

In der iranischen Kultur entstand Erkenntnis gerade wenn der Mensch entweder in diesem All-Wasser schwimmt, einen der All-Flüsse über- oder durchquert, am Ufer eines All-Flusses sitzt oder schläft, sich im Wasser einer Quelle wäscht oder dieses All-Wasser aus dem Trinkbecher trinkt. Dadurch entstand auch der Kult aus einem Becher zu trinken was aus drei Säften gemischt ist (Wasser, tierische Milch und Pflanzensaft) und das die gesamte Lebenswelt darstellt; mit dem Trinken aus diesem Becher kann man die ganze Welt anschauen. Der Gesamtsaft oder diese Gesamtessenz der lebendigen Welt fließt entweder in dem Fluß der Weh-Daiti genannt wird, oder er bildet das Weltmeer, das Vorou-Kasa heißt.

Die Quelle und das Prinzip einer Sache wird als eine „Summe von Gleichem in der Welt" verstanden. Und auch die Idee des Göttlichen wurde durch eine gebundene Summe dargestellt. So sah man zum Beispiel die Göttin der Erkenntnis (Daena) als „Gesamtschönheit" alles existierenden Schönen, das sich in einem Wesen gebündelt zeigt; wenn sich die Schönheit alles Schönen in der Welt zu einem Wesen oder Gesicht verbindet, dann ist das die Quelle der wahren Erkenntnis. Alles Schöne in Welt ist teilhaftig am Ur-Schönen oder es ist Teil der Göttin der Erkenntnis. Aus allen Erkenntnissen entsteht die göttliche Erkenntnis.

Auch die Summe alles Lebendigen wird dargestellt, und zwar als eine große Kuh (Gao-Sepanta, Geusch) die auch als die Quelle von allem Leben gilt und die am Ufer des Flusses Weh-Daiti sitzt. Die Summe aller Bäume dieser Welt ist ein Baum in der Mitte des Meeres, der den Samen aller Bäume und Pflanzen trägt. Und, auch die Gottheit Artha-Farvard oder Artha-we-Khuscht ist die Ähre, die den gesamten menschlichen Samen trägt.

Erkenntnis ist Schwimmen

Die Schöpfung (die Vermehrung, die Fortsetzung, das Wachstum, das Gebären) ist ein Prozess der Paarung oder der Vereinigung und Verbindung. Der Same (der Mensch = *Mar-Tokhm*) und das Wasser (*Maya*) erzeugen, wenn sie „gepaart sind" und sich vereinigen, die Tat oder die Bewegung und Freude, das Wachsen und das Licht. Schon das Wort *Mayischn* im Pahlavi bedeutet Umarmung und Paarung .

Dieser Prozess der Vereinigung der Paare (der Verschiedenheiten) wurde auch *Sang = athanga = asan = a-sna = sna* genannt, ein Begriff der sich im heutigen Persisch auf den Sinngehalt des Wortes „Stein" verengt hat. In anderen iranischen Sprachen aber hat dieses Wort und der Begriff eine andere Bedeutung beibehalten: Im Sistani-Dialekt bedeutet *Sang-ak* „Mutterleib; im Kurdischen ist *Sang* die „Brust". Wobei im Kurdischen *Sang* = „Stein" auch *Bard* und *Katschak* genannt wird. *Bardi* ist „die Flöte" und *Katsche* bedeutet „Mädchen" oder „Jungfer", *Katschak* bedeutet „kleines Mädchen (die „Flöte" und die „junge Frau" und der „Mutterleib" sind miteinander verbundene Begriffsbilder).

Im Bundahischn werden die Wolke und der Blitz zusammen *Sang* (Stein) genannt, weil die schwarze (Simorgh erscheint im Schahnameh immer in der dunklen Wolke) Wolke schwanger ist mit dem Regen und dem Feuer (Blitz). „Simorgh", die der wolkige Himmel und der Himmel an sich war, bedeutet auch Stein-Vogel; denn die Vorsilbe *Si* bedeutet auch *Sang*. Simorgh und *Morgh* (der Vogel an sich = *Tan-gorria*) ist die Quelle der Wieder-Erlebung und der Neuschöpfung.

So bedeutete auch aus diesem Grund *Asseman* („der Himmel"), der auch *Assan* genannt wurde, „Stein" = *Sang*, nicht weil er sich als eine harte und dichte Materie bildet, sondern weil er als die „Quelle der Neuschöpfung und der Wieder-Erlebung" betrachtet wurde. Der Himmel (*Asseman* = *Assan*) war die Zusammensetzung und Verbindung der Kräftepaare oder Götterpaare oder Sphären.

Erkenntnis ist das, das aus der Verbindung und Vereinigung (*Sang* = *A-sna* = *Sna*) zustande kommt. Das Wort „erkennen" (*schnaxtan*) in Pahlavi und in Persisch, und das Wort für „mit-den-Sinnen-fühlen" in Pahlavi (*snahitan*), beide sind von dem Wort *sna* = *šna bzw schna*, das „schwimmen" und „sich waschen" bedeutet, abgeleitet. Das Wort *snaa* in der Avesta bedeutet „waschen". *Sangidan* (*snahitan, schnaxtan*) „sich verbinden und vereinen" ist identisch mit „schwimmen" und „waschen".

Erkenntnis ist ein Prozess der Verbindung des Menschen und seiner Sinnesorgane (*Snah*) mit der Essenz der Umwelt, die den Menschen „umfließt", umgibt. Die Welt ist ein Meer und der Mensch ist der in dieser Welt schwimmende Fisch. Erkenntnis

ist das „sich mit dem Wasser waschen", „im Wasser schwimmen" oder „das Trinken des Wassers".

Das Wort *Sang* = *a-sanga* = *a-sna* = *a-schna* – das ursprünglich
„sich paaren", „vermischen", „sich verbinden" bedeutete – ist
gleichzeitig auch der Begriff für das „Schwimmen" und für „das
durch den Fluß (oder Bach) wandeln", aus dem sich schließlich
die Wörter *schnakhtan, snahitan* „Erkenntnis" und *Ashna* „der
Bekannte" entwickelt hat. Man erkennt die Welt, wenn man in
ihrer Essenz (dem Saft, dem Saft der Frucht, dem Lebenssaft)
schwimmt und sich (darin oder damit) wäscht. Im heutigen
Persisch ist das Wort *A-schnaa* = *Schnaa* = „Schwimmen", das
selbe Wort wie *A-schnaa*, das den „Bekannten" bezeichnet. Das
„bekannt sein" mit etwas und das „Erkennen" von etwas, sie
beide haben eine wesenhafte Beziehung.

Andere Dialekte nennen das „Waschen" *Axsnin* oder *Axsnun*.
Die Vorsilbe *Axv* bedeutet „Same" oder „ein Ursprung des
Seins": Dieser Same schwimmt (*sna*) im Wasser und er ver-
einigt sich mit dem Wasser. Das Wort *ax-sene* bedeutet im
Soghdischden „grün". In der Avesta heißt *ax-schaena* „grün".
Mit dem „Schwimmen" ergrünt der Same (*Axv* = *Xva*) und er
wird sichtbar, und diese Sichtbarwerdung des Grünen (das
Leuchten des Ergrünens) wird gleichgesetzt mit dem Licht und
mit der Erkenntnis. Die zoroastrische Theologie gibt im Bun-
dahischn deshalb an, dass Ahura Mazda den Samen des
Urmenschen (Gaya-maretan) aus Licht und aus dem Grünen des
Himmels (*Sang*) geschaffen hat.

Die Blutader, die mit Artha-Khuscht gleichgesetzt wurde, und
die Sehne (*Sna*), die man mit Bahram gleichsetzte – die beide
zusammen das vereinte Zwillingspaar der Gesamtschöpfung
versinnbildlichten – waren das Ur-*Sang*. Wenn sie auch einzeln
genannt wurden, so betrachtete man sie doch als ein *Sang* = die
Sehne und die Ader zusammen („Sehne" = *Sna* = *Sang*). Die
Sinne wurden im Pahlavi *Snah* genannt. In allen Sinnesorganen

ist das „Ur-*Sang*" (Artha und Bahram) gegenwärtig. Jedes Sinnesorgan ist ein sich-sein-Paar-Suchendes, schwimmlüsternes Wesen. Die Sinnesorgane möchten in der Essenz der Welt (Gott) schwimmen, sich in dieser Essenz waschen und Gott in sich aufnehmen. Erkenntnis ist das, was aus der Vereinigung der Sinnesorgane des Menschen mit Gott erwächst und entflammt und sich erhebt und nach dem Himmel (Stein = *Sang*) strebt.

Die Taufe wurde dadurch nicht als eine „Befreiung von der Sünde und von der Unreinheit" betrachtet, sondern als eine Erneuerung und Wiedergeburt (Ergrünen) und sie wurde damit als ein Gelangen zur neuen Erkenntnis empfunden. In der Erkenntnis verbindet sich der Kern des Menschen mit der Welt und vereint sich mit ihr, sie schließt den Prozess der Weltbeherrschung und die Überlistung aus. Erkenntnis ist nicht etwas von anderen Erlernbares, sondern eine unmittelbare Verbindung mit Göttlichem, das in der Welt immanent gegenwärtig ist.

Die Gleichsetzung des Samens (*Tokhm*) mit dem Feuer führte zu dem Gedanken, dass der Same die Quelle 1. der Lichts und 2. der Erneuerung, beides zusammen ist. Der Same ist Feuer. Das Ausbreiten seiner Triebe, der Zweige, Blätter und Äste entspricht den lodernden Feuerzungen. Die Flamme des Feuers wurde daher auch mit der Idee der „Gottheit" als solcher identifiziert, denn das Feuer (= Same) ist der „Mutterleib" des Lichts, der Helligkeit und der Erkenntnis.

Mit dieser Grundidee galt jeder Mensch (*Mar-Tokhm*) als Quelle und als Maßstab der Erkenntnis. Die zoroastrische Theologie bestritt aber, sich auf die Lehren Zarathustras berufend, diese besondere Bedeutsamkeit des Feuers und behauptete das Licht (nämlich Ahura Mazdas Wissen) erzeuge das Feuer; so negierte sie die Ursprünglichkeit des Menschen als die Quelle und den Maßstab von Erkenntnis. Und genau hier liegt auch der Grund warum im Schahnameh dargelegt ist, dass Zarathustra das Feuer aus dem Paradies brachte. Der Same (Mensch = *Mar-Tokhm*) als Ursprung und Maßstab der Erkenntnis wurde damit vernichtet.

Die Bedeutung, die das Feuer (der Same) mit Hinsicht auf das Licht das es emittiert trägt, die die Ursprünglichkeit des Lebens und des Menschen wesenhaft verkörpert, blieb aber trotz der Lehren Zarathustras unangetastet. Das Wort „wachsen" (= *wachschidan*) hat die Ursprünglichkeit des ‚Feuers des Lebens im Licht' (Erkenntnis) beibehalten. Beides: Licht und Erkenntnis waren verbunden mit dem Wachsen des Feuersamens (das ist: die Identität des Samens mit dem Feuer) – und der Mensch ist der „*Mar-tokhm*", er ist der Feuersame. Die zoroastrischen Mubeds mussten das Wort „*Mar-tokhm*" = ‚den Menschen' und das Bild vom Urmenschen Yima = Djam deshalb abändern, um die Ursprünglichkeit des menschlichen Seins und des „Samens" (Feuer) zu zerstören.

Das Wort *waxschidan* bedeutet zugleich 1. wachsen, zum wachsen anregen, und 2. brennen, auflodern, entzünden. Das Licht (Erkenntnis) ist von dem Feuersamen untrennbar. Der Geist wurde daher *Waxsch,* und das Geistige: „geistig", wurde *wachschig* genannt. Der Geist war nicht etwas transzendales, sondern etwas aus dem Lebensfeuer (Wärme) gewachsenes, ausgestrahltes. Das „Sagen" ebenfalls hieß *waaxtan*, das bedeutet: etwas wachsendes und flammendes das Licht ausstrahlt. Zarathustra wird von seinen Gläubigen *Waxsch-war* genannt! Im Bundahischn ist das Wasser nicht nur etwas körperliches (*tan-kard*), physisch-chemisches, sondern auch gleichzeitig etwas geistiges: *Waxschaa*, weil es ein „Zwillings-Partner" zum Wachsen ist (Same und Wasser). Same und Wasser werden zusammen zum *Sang* = *Sna*. Zarathustras Lehre war genau diesem Prinzip entgegengesetzt.

Die Erkenntnis und das Durchwandeln des Menschen durch den Fluss (Weh-Daiti), der aus dem Lebenswasser von 5 Göttern zusammenfließt Das *Ham-pursakih* oder der Dialog des Menschen mit der Gottheit ist Erkenntnis

Im Vichitakiha-i Zatsparam finden wir einen sehr alten und fundamentalen Mythos (*Datestann*) über die Entstehung der menschlichen Erkenntnis, die man später bei Zarathustra zu lokalisieren suchte. Dieser Mythos muss aber mit dem Djam (Yima) – dem Ur-Samen dem alle Menschen in der arthaischen Kultur zugeordnet wurden – in Zusammenhang gebracht werden, weil er der Licht- und Erkenntnislehre Zarathustras vollkommen widerspricht.

Die Entstehung der Erkenntnis (die Grünheit und warmes Licht) durch das „Sich-Paaren" oder das „sich zu einem Paar Zusammenschließen" (*sna = thang*) des menschlichen Samens mit dem Wasser (im Fluss Daiti) ist das gleiche Bild des „gebundenen Zwillings", das sich zu Zarathustras Lehren konträr verhält. Die arthaische Weltanschauung war in der iranischen Seele tief verwurzelt und die zoroastrische Theologie konnte sich ihrem Einfluss nicht ohne weiteres entziehen.

Der Mythos stellt das Konzept menschlicher Erkenntnis in der altiranischen Kultur sehr deutlich dar, wenn auch diese Überlieferung nun im Sinne einer Zukunftsdeutung und Prophezeiung umgedeutet und dahingehend verengt wurde:

Nach dem großen Fest, das Maidhyoi Zare-**maya** genannt wurde, wandert Djam (Zarathustra) durch den Fluss Daiti. Die vier Gelenke seines Körpers (nämlich seine Fußknöchel, seine Knie, seine Hüftgelenke und die Wirbel des Nackens, als das den unteren Körper mit dem Kopf verbindende „Gelenk"), die vier Samen darstellten, schwimmen im Wasser. Daraufhin erscheint Vohuman (Bahman), der dann mit ihm gemeinsam zur Götterversammlung, zum Dialog mit den vereinten Göttern wandelt. Die Bearbeitung und die Untersuchung der weiteren Details wollen wir in einem späteren Artikel fortführen. An dieser Stelle wollen wir uns nur mit dem Fest begnügen, das den sog. „Samen-des-Wassers" darstellt.

Die fünf Tage des zweiten Monats des iranischen Kalenders (Ordibehescht = Artha-we-Khuscht) an denen das Maidhyoi Zare-maya Fest abgehalten wurde galten als „Samen-des-Wassers". Die Substanz dieser Götter nun zusammen, um die es in diesem Mythos geht, bildete die Quelle des Wassers.

Gerade Djam (Zarathustra) wandelte in dem Wasser als es unmittelbar von der Quelle fließt. Die erste Erscheinung jeder Sache, zeigt immer ihre wahre Substanz. Die ersten Strahlen der Sonne bei der Morgendämmerung zeigen ihre Essenz an. Die erste Tat oder Bewegung oder das erste Wort gibt das wahre tiefe Wesen eines Gegenstandes oder andererseits einer Person an.

Die fünf Götter zusammen, mit denen wir es in dem Mythos zu tun haben, sind 1. Anahita (Aabaan, der 10 .Tag des 2. Monats), 2. Die Sonne (Khor, der 11. Tag des 2. Monats), 3. der Mond (Maay, der 12. Tag des 2. Monats), 3. Tischtar (Hermes Trismegistus, der 13. Tag des 2. Monats) und Geusch (Geo, der 14. Tag des 2. Monats).

Am 15. Tag des 2. Monats, an dem das Fest sein Ende nimmt und der „Same des Wassers" verwirklicht wird, fließt der Fluss, der Daiti genannt wird. Man sieht, dass dieses Wasser die Essenz oder das „Lebenswasser" dieser wichtigen Götter beinhaltet, und durch das Schwimmen in diesem Wasser und die Aufnahme des Wassers in sich, „wächst-sich-" der Gott Vohuman (der die fundamentale Vernunft verkörperte) in den Menschen „-hinein" oder lodert in ihm auf.

Die Vereinigung des Wassers mit dem Menschen (Djam) wird als ein Dialog (*Hampursitan*) bezeichnet. Die Erkenntnis (der ontische Dialog) ist das *Hampursakih* des Menschen mit Gott.

Wir setzen diese Untersuchung in einem späteren Artikel fort.

Vernunft (*Xrad*) offenbart sich durch erschütternde Anstöße des Lebens

In der altiranischen Kultur sah man die Vernunft (*Xratu* = *Xrad*) auch als bestehend aus der Kooperation und Vereinigung eines Paares zweier Arten der Vernunft. Die eine Vernunft ist die *Assan Xrad* und die andere die *Gusch-Soroot Xrad*. Die *Assan Xrad* ist mit der Gottheit Vohuman (Bahman) gleichzusetzen und die *Gusch-Srood Xrad* ist identisch mit der Gestalt der Seraosch (Sorousch). Jedes Individuum verfügt über seinen eigenen persönlichen Sorousch. Viele Autoren haben die Gestalt des Sorousch mit dem Heiligen Geist des Christentums oder mit dem Engel Gabriel im Islam verglichen. Diese Vergleiche führen aber zum Mißverständnis über die Inhalte früher iranischer Kultur.

Sorousch verkörpert die Individualität des Menschen, die sich auf der Grundlage seiner unmittelbaren Verbundenheit mit der Urquelle der die-Welt-ordnenden-Vernunft (Bahman) bildet. Der Ursprung jedes Menschen wird in der Gottheit Vohuman (Human) verkörpert. Das Wort *Humani* bedeutet „gutes Denken". Das gute Denken ist ein Denken, das frei von Zorn und Gewaltstreben ist, es ist ein Denken das keine Angst erzeugt und überhaupt der Gewaltsamkeit und dem Angstmachen widerstrebt. Solch ein Denken konstituiert die Grundvernunft, die auch den schöpferischen Ausgangspunkt der Gesellschaft formt, und dieser Aspekt des Denkens wird in der menschlichen Natur als *Assan Xrad* bezeichnet. *Assan* bedeutet Stein, und der „Stein" trägt wiederum ursprünglich die Bedeutung der „Vereinigung und Vereinigungskraft eines Paares von Individuen, Kräften oder Gegenständen" und galt damit als eine Schöpfungs- und Lichtquelle. Die *Assan Xrad* ist die ordnende und gestaltende Kraft, die jedem Menschen immanent ist und die unsichtbar und ungreifbar ist.

Sorousch oder *Gusch-Sorood Xrad* ist die andere Seite oder Hälfte der *Xrad*, die den tiefen Gedanken zur Erscheinung und zur Manifestation oder Geburt bringt. *Gusch* heißt Ohr und *Sorood* heißt Melodie und Lied. Diese Vernunft hört diese selbst unaussprechbare dunkle Stimme und ist im Vorbewusstsein des Menschen wispernd und leise sprechend. Der Name Sorousch (*Sera-osch*) heißt wörtlich „weckendes Horn". Sorousch ist der Gott der Dämmerung und des frühen Morgens. Er bläst die tiefliegende Melodie des Inneren des Menschen – Vohuman (*Hu + man* = guter Gedanke) – in das Ohr des Menschen. Diesen Gedanken nun nannte man *Farman*. Das Wort wurde aber später seiner ursprünglichen Bedeutung beraubt und im Sinne des „Befehls" umgedeutet, *Farman* war aber keineswegs ein Befehl irgendeiner äußeren Instanz oder einer religiösen oder politischen Autorität, sondern *Farman* war der humane Gedanke, der aus der tiefe des individuellen Wesens entsprang, der frei vom Willen zur Gewalt und vom Zorn war und die Angsterzeugung verabscheute. Dieser Gedanke *Farman*, wirkte in jedem Individuum als Drang zur legitimen Tat. Sorousch und sein Wort führte aus dem Inneren jedes Menschen, zur Hervorbringung des rebellischen, gehorsamkeitswiderstrebenden, unterordnungsverweigernden und widerständigen individuell-menschlichen Charakters. Die Gestalt des Sorousch repräsentierte die Individualität jedes Menschen als die maßgebende und ordnende Instanz.

Das Buch Schahnameh beginnt mit dem Prozess der Wachwerdung des Menschen und der Gesellschaft. Die Gestalt des Keyumars oder Kajumars (sein älterer Name in der persischen Mythologie ist Gayo-mare-tan), die in zoroastrischen Theologie zum „Samen aller Menschen" umgedeutet wurde, ist auch der erste Herrscher. Implizit bedeutet dies, dass alle Menschen, die aus ihn gewachsen sind, das gleiche ordnungsstiftende Vermö-

gen in sich tragen. Dieser Aspekt des Keyumars wird unter dem
Bezug auf die Vorstellung über die Gesellschafts- oder Herrschaftsform aber keinesfalls erweitert. Doch der Aspekt der
Erweckung durch Sorousch (oder *Gusch-Sorood Xrad*) wird im
Mythos als ein Ereignis gesellschaftlich-politischen Umfangs
verstanden. Die gesellschaftliche oder politische Ordnung wird
durch die Gestalt Sorouschs (*Xrad*) geweckt.

Der König Keyumars hat keinen Feind in der Welt außer
Ahriman (Angra Mainu). Aber als dieser sich dem König nähert,
gewinnt gerade er die Gunst der Königs und wird zum Befehls-
haber über die Armee ernannt; Keyumars sieht im seinem
größten und gefährlichsten Feind irrtümlicherweise seinen besten Freund. Er begeht den fatalsten Fehler durch seine falsche
Beurteilung und sein mangelndes Unterscheidungsvermögen.

Der Lehre Zarathustras zufolge verhalten sich das *Zhi* (Leben)
und das *A-Zhi* (das Anti-Leben) als vollkommene Gegensätze
zueinander, und beide Phänomene sind voneinander vollständig
getrennt. Der Begriff der Lichts, der Helligkeit und Klarheit
wird bei Zarathustra gerade durch dieses Ur-Bild der klaren
Trennbarkeit bestimmt. Die *Xrad* der Menschen kann zwischen
den Prinzipien des Lebens und des Anti-Lebens leicht unterscheiden und zwischen diesen wählen. Und wenn die Menschen
ihre freie Wahl getroffen haben, dann sind sie dazu verpflichtet
gegen das Anti-Leben (Angra Mainu) zu kämpfen. Der Feind
des Lebens wird *Zedaar-Kameh* genannt, was soviel bedeutet
wie: ‚einer der von Natur aus die Verletzung des Lebens
genießt'; für solch einen ist das Angstmachen, das Blutvergie-
ßen und das Töten ein Fest.

Keyumars, der in der zoroastrischen Theologie den Ursamen
verkörpert, wählt den Ahriman zum Freund. Das heißt, dass die
Menschen im allgemeinen, und folglich auch die Herrscher,
unfähig sind mittels ihrer eigenen *Xrad* den Freund vom Feind
zu unterscheiden. Mit dieser Festlegung wird die Rolle der zoro-

astrischen Priesterschaft bei der Erkenntnis darüber, was ein wahrer Feind der Gesellschaft ist, bereits subtil eingeleitet. Der Theologie zufolge ist der Ursame aller Menschen – und somit auch aller sich allein auf das Menschliche begründende Herrschaftsformen – das, was sich kennzeichnet durch eine an sich untaugliche und unfähige *Xrad*, die von selbst außerstande ist die Anti-Lebenskräfte zu erkennen. Damit fehlt dem Menschen selbst die Kraft, die Ordnung in der Gesellschaft zu bestimmen. Doch Sorousch, der die zweite Seite der *Xrad* bildet und wie Bahman (Human) das Prinzip der Anti-Gewalt und des Anti-Zornes verkörpert, kann es nicht erdulden und untätig bleiben wenn ein Leben bedroht wird oder ein Leben verletzt werden soll.

Die *Xrad* der ursprünglichen iranischen Kultur ist die erste Formwerdung des Feuersamens (*Artha* = *Praan* = *Ahv*) des Lebens und ihre Aufgabe ist der Lebensschutz. Die *Xrad* ist aus dem Lebenssamen erwachsen um das Leben zu schützen und um dem Leben ein Schild zum Selbstschutz zu bieten. In dieser Kultur war die Hauptfrage nicht die Erlösung von der Sünde, sondern der wesentliche Punkt war die Befreiung des Lebens von jeglichem Leid. Der Staat und die Herrschaftsform trägt zu seiner eigenen Legitimität ausschließlich die Pflicht der Erfüllung dieser Aufgabe des Lebensschutzes. Mit den Lehren Zarathustras aber wird, wie wir das oben bereits gekennzeichnet haben, die *Xrad* der Menschen als für den Schutz und Erhalt des Lebens im Ganzen ungeeignet befunden, und diese Aufgabe konnte somit der Priesterschaft zugesprochen werden. Dem Erkenntnisvermögen der Gesellschaft und der weltlichen Herrschaft wurde das Stigma der Schwäche und der Unmündigkeit angehaftet und ohne die Beihilfe der Mubeds, der zoroastrischen Priester, konnte somit keine Macht ihre Legitimität mehr begründen.

Wegen der Hilflosigkeit des Keyumars das Leben zu schützen, weil seine *Xrad* sich zu leicht täuschen läßt, weil er den

Ursprung von Gut und Böse nicht unterscheiden kann und leicht verführbar ist, richtet sich Sorousch an Siamak, den Sohn den Keyumars, um ihm die drohende Gefahr zu melden und dieser setzt sich nun mit seinem Leben ein um „das Leben der Menschen" von Leid zu befreien. Dieser Umstand steht dem Anspruch Zarathustras entgegen, dass Ahura Mazda und Zarathustra selbst ausschließlich diese lebensschützende Funktion zukommt.

Aber wer ist eigentlich dieser Sohn des Keyumars, der Siamak genannt wird? Ausführlicher werde ich darüber an anderer Stelle sprechen. An dieser Stelle ist aber festzuhalten, dass die Erzählung im Schahnameh mit Einflüssen aus der arthaischen Weltanschauung legiert ist. Die Geschichte über den ersten König des Schahnameh: Keyumars, lässt sich nicht problemlos der traditionellen zoroastrischen Lehre zuordnen, sondern ist mit Elementen der arthaischen Kultur verwoben und dies kann uns bei unserer Entdeckung der frühen iranischen Kultur weiterhelfen. Siamak empfängt die warnende Nachricht von der *Assan Xrad* (der schöpferischen Vernunft der Welt) die in jedem Menschen immanent ist. Er selbst ist tatsächlich die wache oder wachsame *Xrad*, die das Leben (die Gesellschaft und den Staat) beschützt und es allgemein vom Leid zu befreien sucht.

In gleicher Weise weckt Sorousch im Schahnameh auch Fereydoon – den König der sieben Länder (diese sind „die Welt") und Begründer der Gerechtigkeit auf der Welt auf der Basis der *Xrad* – im Augenblick der Lebensgefahr. Dessen beiden Brüder planen seine Ermordung. Sorousch zieht ihn aber in dem Moment der Gefahr an seinem Schopf zu Boden, warnt ihn, dass sein Leben in Gefahr ist und gibt im bei dieser Gelegenheit den Schlüssel von Gut und Böse. Sorousch, der Botschafter der schöpferischen Urvernunft (*Assan Xrad = Human*) ist der Träger des Schlüssels mit dem man den Zugang zur Erkenntnis über Gut und Böse eröffnet. Sorouschs Name ist im Volksmund auch „der Weg-Eröffner" = راهگشا gewesen. Als Fereydoon in den

Besitz dieses Schlüssels kommt, begründet er unter Einberufung einer Versammlung der Vernünftigen die gerechte Welt. Der Initiator der Weltgerechtigkeit, der seinen Kampf gegen das Anti-Leben = Zahhak erst beginnt, hatte seine Lebensfeinde bereits im eigenen Haus. Fereydoon verzeiht seinen Brüdern aber schließlich, trotz ihrer Böswilligkeit. Für die *Xrad* ist das Lex Talionis oder das Jure Talionis (das Vergeltungsrecht) der Bibel und des Korans oder das Programm zur Vernichtung Ahrimans im Zoroastrismus keine sinnvolle Option.

Sorousch ist die Vorhut, die stürmend voreilt um auszukunden. Er hat der Mythologie zufolge einen Wagen der von vier schattenlosen Pferden gezogen wird, die alle Gehenden und Rennenden überholen. Das Wesen von Raschn und Sorousch, den Zwillingen der Morgendämmerung, die im Mithraismus Cautes und Cautopates genannt werden, ist das der Geschwindigkeit. „Cautes" ist die latinisierte Form von „Gwaad", das Wind bedeutet. Noch heute nennen die Baluchen den Wind *Gwaad*. Von Biruni aber wissen wir, dass *Gwaad* = *Kwaad* (im Persischem *Ghobaad*) die Gottheit Artha repräsentierte. Artha ist der Wind, der im Sanskrit *Asv* genannt wird, ein Wort wiederum mit dem auch das Pferd bezeichnet wird. *Gwaad* bezeichnet (weil es mit dem Lebenshauch gleichgesetzt wird) den Ursamen *(Axv − Ahv)* des menschlichen Daseins. Und dieser Ursame *Axv* verwandelt sich zu den vier Kräften des Geistes, die entweder mit vier Flügeln oder mit vier Pferden *(Asv)* identifiziert werden. Gwaad ist der Initiator, der Erneuerer und Begründer. Hierin finden wir auch den Grund dafür, warum im Bahram Yasht und im Den Yasht (in der Avesta) die wahre Erkenntnis, die aus dem Menschen geboren wird, mit den Augen der Pferde zu Land, dem Adler in den Lüften und dem Delphin (der Kar-Fisch) zu Wasser verglichen wird, und zwar weil diese Tiere die Geschwindigkeit darstellen.

Wahre Erkenntnis ist vorrennend, voreilend, avant-gard. Der Blick des Auges wird gleichgesetzt mit dem Blitz (*Adhar-*

Guschn-Asp). Die wahre Erkenntnis ist die Erkenntnis, die imstande ist vorauseilen um vorauszusehen. Aus diesem Grund wird das Pferd des großen iranischen Helden Rostam im Schahnameh „Raksch" genannt, denn es übernimmt die gleiche Rolle des vorauseilenden Warners und der Begriff *Raksch* charakterisiert eben diese Erkenntnisart. Das Wort *Raksch* bezeichnet das Konzept des Lichts in der arthaischen Kultur, das sich von dem Lichtkonzept der zoroastrischen Theologie vollständig unterschied.

Der iranische Held ist auch ein Held der Erkenntnis, weil er die Funktion des Beschützers des Lebens einnimmt. Seine Rolle impliziert solch eine Form der Erkenntnis. Das Wort *Raksch* ist eine Kurzform von *Raoxschana*: Das Wort hat im heutigen Persisch zwei Formen angenommen, zum einen hat sich daraus *Rauschan* abgeleitet. *Rauschani* heißt „Licht" und *rauschan* heißt „hell" und „klar". Als zweites hat sich daraus das Wort *Rakschan* abgeleitet. In der Wortbedeutung von *Raksch* ist der ursprüngliche Sinn erhalten geblieben. *Raksch* bedeutet die Zusammensetzung von Weiß und Rot. Das Pferd Rostams hat diese Fellfarbe. In dem Symbol der zusammengesetzten Zweiheitlichkeit spiegelt sich die Idee der „miteinander verbundenen Zwillinge", die in der iranischen Kultur als Schöpfungsursprung angesehen wurde und gegen die Zarathustra kämpfte.

Licht und damit auch die Erkenntnis wird in der zoroastrischen Theologie als „weiß" begriffen, für die Arthaer bestand das Licht aber aus zwei Farben: rot und weiß. Die Farbe rot wurde dem Weiblichen zugeordnet und mit der Gottheit Artha-Farvard identifiziert und das Weiße wurde dem Männlichen zugeordnet und mit der Gottheit Bahram identifiziert. Bahman aber wurde sichtbar durch die Zweiheit von Bahram und Artha-Farvard (oder Ram). Die Zoroastrier ordnen dem Bahman den weißen Jasmin als seine Blume und als seine Farbe zu. Die Arthaer ordneten dem Bahman aber die Centaurea Behen (die Behenflockenblume) zu, und damit gab es auch den roten und den weißen Bahman (Bahman = Behen). Die Zoroastrier mussten die Zwillingsidee im Licht und im Bahman aber bekämpfen und ausmerzen. Mit der Idee der Zwillingshaftigkeit des Lichts (Raksch) war die Farbenfülle und der Regenbogen gegeben. Das Wesen der Erkenntnis bildete sich aus der Akzeptanz der Vielfältigkeit, da Farbe (Rang) mit Essenz und Wesen gleichgesetzt wurde. Hier finden wir außerdem auch den Grund warum das Wort *Raksch* einerseits „Regenbogen" und andererseits auch „Anfang" und „Blitz" bedeutet. Das Licht *ist* überhaupt durch die verbundene Zweiartigkeit, und es ist die Quelle der Bewegtheit und der Liebe. Das Licht (*Raoxschana*) bewegt und es befruchtet daher.

Der iranische Held reitet nun auf solch einem Pferd (*Asv* = *Gwaad*) und ist mit ihm eine Zweiheit. In dem Moment, in dem er sich aus der Zweiheit mit seinem Pferd trennt, verhält sich Rostam ganz anders. Sein Pferd Raksch kann in der dunklen Nacht wie am hellen Tag sehen. Während Rostams Missionsauftrag von sieben Etappen – in dem er auszieht um den gefangenen König und das iranische Heer zu retten, die mit Blindheit resultierend aus dem Unmaß und dem Übermaß geschlagen sind, und die durch den Feind gefangen genommen wurden – rettet das Pferd Raksch den Helden Rostam zweimal durch sein Wachsein im Dunkel der Nacht vor den drohenden Gefahren. Einmal in der ersten Etappe und später in der dritten Etappe. Als Rostam schläft in dem Land in dem der Ezhdehaa (Drache = Azhi = das Anti-Leben) sich befindet, erscheint der Drache in der tiefe der Nacht. Raksch versucht Rostam mit dem scharren seiner Hufe zu wecken. Rostam wird wach, aber der Azhi ist plötzlich nicht mehr zu sehen und Rostam ist verärgert dass Raksch ihn sinnlos geweckt hat. Rostam schläft wieder ein und der Azhi erscheint wieder und Raksch eilt wieder zu Rostam und scharrt mit seinen Hufen und wirft den Boden auf um Rostam zu wecken. Als Rostam so aus dem Schlaf gerissen wird und er wieder um sich blickt ist wieder nichts zu sehen. Verärgert schimpft Rostam mit dem lieben und wachsamen

Raksch und droht, dass wenn er ihn nun nicht schlafen lasse und
er nochmal so ein Aufhebens um nichts mache er ihm mit
seinem Schwert enthaupten würde. Der Azhi erscheint nochmals
und zuerst wagt Raksch sich wegen der Wut und der Drohung
Rostams nicht, ihn nun abermals zu wecken. Sein Herz ist
entzweit weil er nun durch beide, Rostam und den Azhi, beäng-
stigt ist. Seine Liebe zu Rostam lässt ihn aber nicht los, er
überwindet seine Angst und eilt zu Rostam und weckt ihn, und
diesmal kann Rostam den Azhi sehen.

Es ist schließlich Raksch der den Azhi tatsächlich überwältigt,
und Rostam spielt dabei eigentlich eine Nebenrolle. In dieser
Erfahrung finden wir ein ganz anderes Weltbild über die
Begegnung des Menschen mit dem Leben und dem Anti-Leben,
als das Bild, das wir bei Zarathustra vorfinden. Bei Zarathustra
ist der Mensch mit zwei klar voneinander getrennten Alternativen konfrontiert, zwischen denen man leicht unterscheiden
kann und zwischen denen es sich leicht auswählen lässt. Hier
aber merken wir, dass der Mensch das Anti-Leben nicht so
leicht erkennt, das gerade in der Dunkelheit erscheint und das
der Sicht der *Xrad* entweicht. Und, der Mensch wird nicht gern
aus dem tiefen Schlaf und der Ruhe herausgerissen, und um
diesen Schlaf fortsetzen zu können, ist er bereit seinen Warner
und Erwecker zu töten. Hier zeigt sich die Verhaltensweise
eines Mannes dem – in der letzten Etappe auf seinem Weg dazu
den König und das Heer seines Landes zu befreien – Augen
„wie die Sonne" geschenkt werden, mit denen er alles
beleuchten kann und durch die er „mit seinem eigenen
Licht" sehen kann. Das heißt der zukünftige Erwecker einer
Nation mag selbst nicht gern geweckt werden um dem Anti-
Leben rechtzeitig zu widerstehen. Er bevorzugt die Ruhe und
die Unbewegtheit. Das Gewecktwerden durch die *Xrad* und die
Einsicht durch die *Xrad* werden als störend empfunden. Man
möchte den Azhi lieber übersehen und ignorieren. Das Tätige,
die Bewegtheit und die Vielfältigkeit im Sehen und im Erkennen
(*Raoxschna*) bringt die Seelen-Unruhe mit sich, und die

Erkenntnis (*Rakhsch*) gleicht dem Blitz einer Gewitterwolke, der plötzlich entzündet und in Brand setzt und nicht allein beleuchtet.

In der Geschichte vom Akvan-e Div ist die frühe iranische Sicht über das Wesen der *Xrad* erhalten geblieben, obgleich auch hier die Umformulierungen der zoroastrischen Theologie Zerrbilder produziert haben. Unter der Voraussetzung, dass Ahura Mazda das unbegrenzte Licht ist, konnte seine erste Offenbarung: Vohuman, nur eine Verlängerung dieses reinen Lichts sein. Die Zweiheit musste aus dem Wesen des Lichts eliminiert werden. In der arthaischen Weltanschauung war Vohuman (Human) die *Arke* der Welt, und diese bildete die Essenz der verbundenen Zweiheit. Bis jetzt ist *Ark* im Iran „ein Kastell das von einem anderen Kastell umgeben ist". Vohuman hieß auch Arke-waan (Arše-man, Arke-man), das auch gleichbedeutend ist mit Akuman. Der Begriff *Arke* ist in seiner Primärbedeutung identisch mit *Aku, Ake* = „Warum". Der Urgedanke ist das Ur-Warum. Das Licht der Erkenntnis ist mit dem Verborgenen der Dunkelheit verbunden und beide zusammen machen ein schöpferisches Ganzes aus. Zarathustra war gegen diese Grundidee. Der Überrest der frühen Weltsicht lässt aber auch über das Pahlavi rückerschließen. Das Wort *Warom*, das mit dem deutschen „Warum" identisch ist, bedeutet „Gedanke", „Gewissen" und „Bewusstsein" und das Wort *Waromand* bedeutet „zweifelhaft", „unbestimmt" und „unklar". Dasselbe Wort verbindet die zwei Seiten eines gleichen Phänomens. Der Zweifel und das Denken gehören zusammen und sind voneinander nicht trennbar. Mit diesem verbundenen Zwilling konnte sich die zoroastrische Religion nicht zurecht finden. Aus dem Grund hat sie die „dämonische" *Xrad* in zwei gegensätzliche Wesen gespalten, und hieraus wurde ein Div namens Akuman oder Akvaan und eine Gottheit oder ein Amschaspand namens Vohuman. Die „dämonische" *Xrad*, die das Suchen in der Dunkelheit und das Versuchen mit dem ‚Licht der Erkenntnis' als kontingent betrachtet, wurde vollständig negiert und infamiert.

Um diese Wendung der iranischen Denkweise in der zoroastrischen Theologie darzustellen, hat man mit der Geschichte von
Rostam und Akvane Div die eigene Deutung festgelegt. Rostam
hat die Mission den Akvane Div, der die Menschen in
Verwirrung bringt, gefangen zu nehmen oder umzubringen. Er
versucht alles um diesen Div zu erjagen und einzufangen, aber
schafft es bei aller Mühe nicht. Als er sich ermüdet von der
Jagerei ausruhen will, nutz Akvaan die Gelegenheit um Rostam
im Schlaf von der Erde hinwegzureißen und ihn zwischen dem
Himmel und der Erde aufzuhängen. Hier findet sich Rostam
nun, der schockiert und im Schauder wach wird. Die Gefahr
bricht plötzlich und unerwartet mit einer Übergewalt über ihn
hinein. Rostam verliert sich aber nicht in der Furcht und sein
Gegenwartssinn lässt ihn nicht im Stich. Aus dem angstvollen
Zustand schnellt er im Bewußsein hervor und seine *Xrad*
versetzt ihn im Augenblick der größten Gefahr in die Lage sich
zu retten. Er schafft es so schließlich sich aus dem Leidens-
zustand, der Bedrängnis und der Unsicherheit zu befreien.

Akvaan, der Div des Warum und des Zweifels stellt ihn, genau
wie ein Zweifel das beinhaltet, anstelle von vor einen „rechten
Weg" vor zwei gefährliche Alternativen – was dem zoroastrischen Konzept total widerspricht. Der Div Akvaan bietet hier
nicht die Alternative zwischen Leben (*Zhi*) und Anti-Leben (*A-
Zhi*), sondern zwischen zwei Arten von *Azhi*, wobei die eine zur
sicheren Vernichtung führt und die andere die Chance in sich
birgt, sich durch das Verwandeln einer ungeheuren Gefahr in
eine andere Situation zu retten. Und die *Xrad* von Rostam, dem
Wächter Irans, wird genau in diesem prekären Moment wach.

Der Mensch als der Schlüssel der alle Schlösser der Welt öffnet

Im Buche Schahnameh folgt der Rede über die Weltschöpfung die Darlegung über die Schöpfung des Menschen (*Mardom*). Dort steht „Wenn Du dies [den Prozess der Weltentwicklung] durchgehst, wird der Mensch sichtbar, der Schlüssel all dieser ‚*Band-haa'*'". *Band-haa* ist die Mehrzahl von *Band*, dessen Verbfom inhaltlich dem Wortsinn des deutschen „binden" entspricht. Das persische Wort *Band*, das „das Bindende" bedeutet, hat mehrere zentrale Bedeutungsbezüge. Primär bedeutet es das, was zwei Glieder aneinander oder miteinander verbindet. Markant wurde dies versinnbildlicht in den Gelenken des Körpers, in der Nabelschnur, die Mutter und Kind verbindet, und auch in den Sehnen, die die Muskeln miteinander verbinden.

Das mythologisch zentralste Bild eines Verhältnisses das durch ein „*Band*" zustande kommt, ist das des *Jugh* (*Yuzh= Djousch= Jud, Yoga*), das ist das Bild des Gespanns, das zwei Rinder oder Pferde vor dem Pflug darstellt und das als Symbol für die Ur-Schöpfungskraft stand. Eine weitere mythologisch zentrale Bedeutung trägt der Begriff „*Band*" im Bild der Nodien (Knoten) bei den Schilfrohrgewächsen (Flöte). Diese zentralen Bilder waren hier für das Weltbild maßgeblich. In diese Reihe gehörte auch das Bild des Schlosses, weil Schloss und Schlüssel eine Einheit bilden. Der Begriff *Band* stand sinnbildlich für den Bund, den Vertrag und die Zusammensetzung.

Wenn man die Verse im Schahnameh nun liest, vermutet man zuerst das „*Band*" (بند) sei ein Hinweis auf die Schwierigkeiten und Probleme, mit denen sich ein Mensch im Leben konfrontiert sieht. Das Leben ist tatsächlich übervoll mit Problemen, die gelöst werden müssen. Doch geht es hier um den Menschen, der in eine Welt geworfen ist, die mit schwer lösbaren Problemen, Engpässen und Barrieren überfüllt ist? Hat der Mensch nicht vom ersten Moment an zu leiden und darum zu kämpfen, die schwierigen Rätsel der Welt und des Lebens zu lösen? Nein, dies ist überhaupt nicht das Sinnziel dieses Ausdruckes „Band" um den es hierbei geht. Denn der Mensch ist keineswegs ein Fremder in dieser Welt und er begegnet auch keiner feindlichen Welt. Im Gegenteil, die Welt eröffnet ihm unbegrenzte Horizonte von Möglichkeiten und er kann von nun an mit allen mitarbeiten und zusammen schöpfen. Das was sich im Leben als Problem und Schwierigkeit darbietet, sind in Wirklichkeit neue Schöpfungsmöglichkeiten.

Das Wort „Band" ist im direkten Zusammenhang mit dem altiranischen Weltbild zu verstehen. Die Schöpfung ist insgesamt ein „Band" = Kooperation und Mitschöpfung, und der Mensch hat sich in und aus dieser Welt entwickelt. Das „Band" ist das Verhältnis zweier Kräfte, zweier Personen oder Dinge zueinander, das besteht um sich miteinander zu bewegen, zu schöpfen, Licht zu erzeugen und sich „zusammen zu freuen". Der Mensch ist in seinem Wesen als Ganzes ein Schlüssel, der sich selbst zu allen Schlössern in Beziehung setzen muss.

Das Konzept des menschlichen Wesens als Schlüssel charakterisiert das Gesamtverhalten des Menschen zur Welt. Er will die Welt nicht vernichten, zerbrechen, zerdrücken, ausrauben, und sie bezwingen. Er will kein Herr über die Natur sein und kein Knecht Gottes. Weder Gott noch Natur sieht er als Gegensätze seines Wesens, sondern er fühlt sich mit Gott und mit der Natur verwandt. Er hat keine fortwährende Angst vor dem Bösen und den Quälgeistern des Lebens. Er kennt keinen rächenden, bestrafenden und herrschenden Gott. Und er strebt nicht mit Furcht und mit Zittern danach, allein an seinem eigenen Heil zu arbeiten.

Die Welt ist für ihn nicht da um beherrscht zu werden, mit
Gewalt bezähmt zu werden, sondern sie ist ein Partner und ein
Mit-Schöpfer (*Ham-Bagh* = *Anbaaz*) des Menschen. Sie ist weder sein Mittel noch sein Werkzeug. Gott schafft die Welt und
den Menschen nicht als Mittel um etwas zu erreichen und es gibt
in dieser Welt überhaupt keine „Mittel". Auch verkehrt Gott
nicht mit der Welt wie der Bildhauer mit seinem Ton; Gott ist
kein Gestalter oder Töpfer des Menschen. In dieser Welt kann
die Bewegung, das Licht, das Feuer und die Freude nur aus der
Verbindung und Partnerschaft wachsen. Und auf der Basis dieser Gesinnung entsteht das Bild von Schlüssel und Schloss.

Das heißt das Schloss ist keineswegs das Störende und
Hindernde der Lebensprobleme und der Schlüssel ist nicht das
Werkzeug oder das Mittel mit dem man Probleme löst. Der
Mensch findet nirgends ein Mittel (Schlüssel) um die Lebensprobleme zu lösen, und keiner hat solch einen Schlüssel den er
ihm leihen oder verkaufen könnte. Es gibt auch keine Schlüssel-
Inhaber der Welt und der „Lebensprobleme" als solche, sondern
der Mensch ist selbst *in seinem gesamten Wesen* ein Schlüssel,
weil die *Xrad* (die Vernunft) in seinem ganzen Körper ist – wie
ein Fuß (Bewegungsprinzip) der in seinem persönlichen Paar
Schuhen seinen Platz findet.

Die *Xrad* ist also auch mit dem Leib gepaart. Der Leib ist ein
Schloss und die *Xrad* ein Schlüssel und zusammen sind sie
schöpfend, beweglich und „wohlhabend". Die *Xrad* ist kein
separates Werkzeug, das der Mensch als Mittel handhabt und
gebrauchen kann wann und wie er will und kann, und das er
zurückstellen könnte wann und wie er Lust hätte.

Diese besondere Vorstellung die man sich vom Schlüssel und
vom Schloss machte, die man nicht als Mittel verstand und die
auch nicht auf das Mittel reduzierbar waren, möchten wir
versuchen nachzuvollziehen. Es ging um die Verbindung der
Wesensgleichen die alle Fortschritte möglich machte. Es war

keine Bindung des Menschen in einem Glauben, sondern eine
Bindung in dem *Ham-Porsi* (dem zusammen Fragen stellen,
suchen und umeinander besorgt sein = eine iranische Weise des
‚Dialogs') der Vernünfte (*Xrad*) um die Tore zum Wohlleben zu
öffnen.

Die *Xrad* als Lebenswächter und Schlüssel

Im Schahnameh wird die *Xrad* häufig mit dem Attribut der
Wachheit versehen und als die wache *Xrad* qualifiziert. Die
Xrad des Menschen ist dazu imstande, das Leben vom Leid zu
befreien und vor der Verletzung zu schützen. Diese Grundidee
stammte aus der arthaischen Kultur und stand der Lehre Zarathustras entgegen. Die *Xrad* (Vernunft) hatte die Aufgabe das
Leben zu bewachen und es zu schützen (نگهبان جان).

Der „Blick" oder pers. *Negah*, der das „Beleuchten" und das
Sehen mit den Augen war, wurde mit der *Xrad* assoziiert. Die
menschliche *Xrad* war das ‚dem Leben Entstammende' (das
Ausstrahlen des Lebensfeuers = Feuerkorn des Lebens = Artha
oder *Axv* oder *Praan*), das existiert oder *ist*, um auf den
Lebensschutz aufmerksam zu sein, um aufzupassen und nahende
Lebensgefahren und Lebensförderer oder Lebenspfleger voraus-
eilend zu sehen, und um zu schützen. Die *Xrad* war das Schild,
der Schutzpanzer (Kleid), die Wand (Mauer), die Haut oder
Fruchtblase (Mutterleib = *Sanduq* = Kasten, Kiste) oder das
Tor.

Die sechste Sphäre des Himmels, die als die Haut der Welt bet-
rachtet wurde, identifizierte man mit der Gottheit des Alllebens
(Khorram, Anhuma). Die damalige persische Bezeichnung
Khorram für die „Eierschale", weist noch weitläufig auf diesen
Zusammenhang hin. Die Funktion der Gottheit, die das Allleben
repräsentierte, wurde von den Zoroastriern später ihrem
Hauptgott Ahura Madza zugesprochen und bei den Griechen

übernahm diese Hauptrolle der Gott Zeus. Für die frühe Gottheit des Alllebens war jedes Leben und dessen *Xrad* unantastbar (heilig) und sie selbst schützte als Haut, Mauer und Tor, als Eierschale, Fruchtblase und Mutterleib den innersten verborgenen Lebenskeim. Das Schließen und das Öffnen des Tores garantierte und versicherte das Leben. Und durch diesen Faktor des Schutzes wurde das Öffnen und das Schließen des Tores auch mit der *Xrad* identifiziert.

Das „Öffnen" und das „Schließen" aller Sinnesorgane war, neben der Aktivität der Augen, die selbst die unmittelbare Erkenntnis der *Xrad* zum Schutze des Lebens gewährleisteten, gleichermaßen wichtig. Die *Xrad* war die Umfassung und die Verbindung der durch alle Sinnesorgane gewonnenen Erkenntnisse. Das Wachsein der *Xrad* bedeutete die Gegenwärtigkeit oder Präsenz aller Sinnesorgane im Leib und in der Seele. Wenn die *Xrad* die Begegnung mit anderen als lebensfreundlich sieht und empfindet, dann lässt sie die Tore des Lebens offen, und wenn sie sie als lebensverletzend und schädigend sieht und empfindet, dann schließt sie alle Tore des Lebens.

Man sieht klar, dass die *Xrad* das Leben nur gegen Leid schützt, sie aber keineswegs einen aggressiven, überwältigenden und angreifenden Charakter hat, und das Schützen des Lebens betrifft auch nicht nur das eigene Leben, sondern das All-Leben. So kann die *Xrad* aber auch nicht zum Schutz des eigenen Lebens das feindliche Leben angreifen und verletzen. Die *Xrad* denkt nicht nur an sich und an ihren individuellen Schutz, sondern sie schützt das Leben im Ganzen. Dies war eine stark einschränkende Bedingung, die gegen den „Welteroberungstrieb" oder den „Kriegsführungswillen" entstanden war. Auch stand diese Auffassung der späteren zoroastrischen Idee vom Kampf mit dem Bösen, verkörpert im Ahriman, entgegen.

Der Funktion, die die *Xrad* im Lebensschutz übernahm, wurde auch das Bild eines Balkens zugeordnet, der hinter zwei Flügel-

türen angebracht ist und der die beiden Türhälften zu einer
Einheit macht. Dieser Balken könne mit einem Pfiff oder Trick
(mit einer geheimen Kenntnis), den nur Eingeweihte kennen
könnten, auf- und zugemacht werden. Der Balken, der das
verbindende dritte unsichtbare Element darstellt, das für die Le-
benssicherheit stand, wurde an verschiedenen Stellen benannt,
und sein Bild spielte in der iranischen Kultur eine wichtige
Rolle. Einige der mit seinem Bild in Assoziation stehenden
Namen und Benennungen sind: 1. Mithras, 2. *Manthre*, 3.
Kadeh oder *Kad* (*Kat*), 4. *Kalandar* (in der islamischen Zeit
Ghalandar), 5. *Kal* (*Kahl, Ghal*) und 6. *Paane* (*Paan = Baan =
Waan*).

Sorousch, der persönliche Bote der *Xrad* des Menschen (*Gusch-
Sorood-Xrad*) ist der Träger des *Manthra*. Er wurde aus diesem
Grund auch mit dem Namen Tanu-Manthra genannt. Die Zoroastrier übersetzten diese Eigenschaft als „derjenige, dessen Leib
die Verkörperung von Ahura Mazdas Befehlen ist". Der persönliche Bote der inhärenten menschlichen *Xrad* (Human = *human*) wird so zum Ausführer der Befehle Ahura Mazdas.

Im Schahnameh erfahren wir, dass Sorousch dem Fereydoon –
dem Begründer der Weltgerechtigkeit, der zum Schutz des Lebens gegen Zohhak (den Lebens-Verletzer) auftritt – den
Schlüssel der Erkenntnis über Gut und Böse gibt. Die Gerechtigkeit muss sich auf die Basis der humanen *Xrad* begründen, die
das Leben im Ganzen schützt.

Die Schöpfung ist in der arthaischen Weltanschaung die Weltwerdung oder Hauswerdung Gottes

Der Name Gott (Xva-taay) ist in der Zusammenhangslosigkeit,
das heißt allein stehend, sinn- und gehaltlos. Gott ist dann ein
wirklicher Gott, wenn er zu Etwas wird oder sich wandelt. Die

Fähigkeit selbst etwas zu werden, sich zu etwas zu wandeln, bildet die wichtigste Eigenschaft eines Wesens. Dieser Gedanke rührt von der Auffassung über das Primärsein der Bewegung und der Tat in der arthaischen Kultur. Gott schafft nicht durch das Wort, sondern durch die Fähigkeit sich zu bewegen, sich zu verwandeln, sich fortzuentwickeln und etwas zu tun. Und hiermit gewinnt der Gott als „Haus-Gott", „Welt-Gott", „Land-Gott, „Pflanzen-Gott", „Wasser-Gott" oder auch „Erd-Gott" an Bedeutung und Sinn.

Die Schöpfung ist in der Weltwerdung das „selbst zum eigenen Heim, Haus oder der Wohnstätte werden". Gott wird in der Weltwerdung seine eigene Heimat – Gott wird sich selbst zum eigenen Heim. Gott wird erst Gott, indem er sein Haus aus seinem eigenen Stoff und dem Leben baut. Der Begriff *Giyaak* („Ort") trug daher auch eine außerordentliche Bedeutung. Gott wird erst in der Welt, als seinem Haus, verwirklicht und ist vorher kein Gott. Die Welt ist der zum „Haus" gewordene Gott. Sie ist der reelle und wahre Leib und das Leben Gottes.

Die Welt besteht, gleich dem Bild der Ähre, aus zusammengeschlossenen Häusern, worin in jedem der gleiche Gott andersartig verwirklicht ist. Gott wird in seiner Konkretisierung zur Vielfältigkeit. Und Gott ist in der Weltwerdung zur „Welt-Stadt" geworden, denn er wohnt in jedem Haus und ist dort geborgen und verborgen, da er selbst – in seiner Eigenschaft zur Mauer und zum Tor zu werden – die Unantastbarkeit des Lebens als Prinzip der Geborgenheit verwirklicht. Jeder ‚Ort' oder jede ‚Ortschaft' ist schwanger von Gott oder dem Göttlichen, das heißt, die Welt ist übervoll von verborgenen Schätzen = „Kasten". Gottes Häuser sind die Verwirklichung der Geborgenheit des Lebens, als Schutz vor jeglicher Verletzung und vor jeglichem Leid. Gott wohnt in jedem Haus und öffnet sich wenn jemand sich lebensbejahend (und friedesuchend) annähert, und Gott verschließt sich wenn jemand mit Zorn (mit Gewaltsinn und furchtauslösend) kommt.

Gott und das Göttliche wird und wandelt sich in jedem Leib zur *Xrad* (*Xratu* = *Xra* + *rathu*), die der Wächter und *Paanaag* = engl. „*guard*" und der *Paas-nigaastaar* des Lebens in dem Haus ist. Das deutsche Wort „auf-passen" entspricht diesem Wort *paas* im Persischen, das „schützen" und „aufmerksam sein" bedeutet.

Das Geborgensein oder das Geschütztsein des Lebens, das im Haus hinter der Mauer und dem Tor verborgen liegt, wird durch die *Xrad* gewährleistet. Der Bau des Hauses als das Geborgensein und Geschützsein vor jeglicher Verletzung = *Panaah az Gazand*, ist der Sinn und der Zweck des Hauses auch im Schahnameh (in der Erzählung von Jamschid). *Panaah*, das das Geborgen- oder Geschütztsein des Lebens bedeutet, und auch das Wort *Negah-**baane** Djan* = „Wächter des Lebens" = „der das Leben mittels seines Blickes oder seiner *Xrad* frei von Angst und Leid hält", sind genau dasselbe Wort *Paaneh*, das als *Paan* = *Baan* im Persischen zur Endsilbe vieler Wörter geworden ist.

Der Balken, der hinter zwei Türflügeln angebracht wird, heißt auch *Paaneh*. Und wie auch Mithras, *Manthre* und *Kadeh* (*Kaat, Kad, Kat*), versinnbildlichte er die Geborgenheit des Lebens gegenüber den ‚Gegensätzen des Lebens'. Die Derwische im Iran haben sich, indem sie sich auf die Überlieferungen und die noch lebendigen Traditionen bezogen, selbst auch mit dem Namen „*Ghalander*" bezeichnet, als einem Begriff der den Gedanken der Unantastbarkeit und der Heiligkeit des Lebens zum Ausdruck brachte. Die Gottheit der Freundschaft (die im 29. Tag des Monats repräsentiert war) verkörperte die schöpferische Verbindungsquelle (*Manthre* = Mithras = *Ghalandar* = *Rend*) aus der der Ursame der neuen Schöpfung hervorging.

Der menschliche Leib ist der hausgewordene Gott

Dass Artha ihre Weltwerdung als Hauswerdung vollzieht, sieht man bereits an der Vorstellung über den Aufbau des Menschen. Farvard (Artha Farvard) ist das Feuerkorn, das den Lebenskeim des Menschen bildet. Farvard ist die wachsende, sich erhebende und aufbauende Kraft, die den menschlichen Leib als ihr Haus errichtet (in den ‚Auswahlen des Zatspram'). Gott ist der Maurer oder Architekt seines eigenen Hauses, er bildet den Leib als seine Wohnstätte. Der menschliche Körper ist das Haus, das Gott (Artha) aus sich selbst baut um darin zu leben. Gott wird *Tan*, die körperliche materielle Welt und die *Tankard* = „Verkörperung" wurde gleich einem Hausaufbau verstanden. Im Schahnameh wird das „die Welt *schön* zu ordnen" (das die Politik und das Herrschen bezeichnet = *a-rastan* = *a-radhenitan*) auch mit dem Hausaufbau gleichgesetzt. Der Körper jedes Lebewesens wird als ein Haus verstanden, wo das Leben verborgen, in Geborgenheit ist. Diese Idee des Hauses versinnbildlicht überhaupt die Grundidee des iranischen Welt-verständnisses. Die Welt und ihre Geschichte in der Zeit ist ein Aufbau eines Hauses.

Bahman ist das Unsichtbare und Ungreifbare, das sich selbst zum Sichtbaren aber Ungreifbaren und danach zum Sichtbaren und Greifbaren (*Tan* = Leib) verwandelt. Die Mauer, die Form (*Des* = *Dis* = bedeutet „Form" und auch „Bau"), die Haut, der Mutterleib und die Fruchtblase stellen als Symbole alle den Gedanken einer miteinander verbundenen Zweiheit dar und alle diese „Häuser" haben ein „Ur-Haus" als Ursprung.

Das „Ur-Haus" wird *Kadeh* = *Kaat* = *Kat* = *Kad* oder *Jaan* = *Yaona* = *Yoon* = *Yon* genannt. Mitternacht, der Zeitpunkt an dem ein Tag zu Ende geht und ein anderer Tag beginnt, ist das Wohnhaus (*Jaan* = *Yaone*). Die Ur-Geliebte ist Artha und der Ur-Liebhaber ist Bahram. Das Haus trägt den Namen *Abaade-*

jaan (das blühende, „florierende" Haus): in diesem Haus kommt der Feuersamen des nächsten Schöpfungstages der Welt zustande.

Yaona oder *Jaan* ist der Ort des Endes und des Anfangs. *Yaona* bedeutet 1. Verbindung, 2. Wohnung, 3. Luftraum und 4. Kraft, als Adjektiv bedeutet es „abwehrend" und „schützend". Zum Beispiel heißt: *hva-yaona* „von selbst gut geschützt" – etwas das Hilfe spendet. *Vaso-yaona* heißt „kräftig schützend" und „schützend mit Willen". Dieses Urhaus der Schöpfung in der Mitternacht ist durch die Dunkelheit geschützt und in Geborgenheit. Das Wort *Yaona* heißt im Sanskrit *Yoni* und bedeutet Mutterleib, Fruchtblase, Geburtsort, Ursprung, Heimat und Quelle. In dieser Bedeutung wird es auch im Persischen verwendet. Die Erdkuh in der Erzählung über Fereydoon im Schahnameh heißt Brm**yun**, das „Mutterleib" oder „Ursprung vom Ursamen (= *Brm* = *Brahm*)" bedeutet.

Der Name Kata-yun, der Frau vom König Vischtasp, dem Förderer Zarathustras Lehre, heißt ‚Quelle des *Kat*' = *Kad*= *Qaat* = *Kadeh*, das „Haus" oder der „Sicherheitsbalken des Tores" oder „Schlüssel und Schloß" bedeutet. Die letzten drei Mondhäuser im Monat heißen *Kat* = *Kaht* = *Kaat*; *Si-kat* = „drei *Kat*" = *Čikaat* = „Gipfel" und sie entsprechen den letzten drei Tagen des Monats im Kalender. Diese drei Tage ordnete man den Gottheiten Raam-Jit als 28. Tag, Manthra Spenta als 29. Tag und Behrooz (Bahram) als den 30. Tag zu. Und diese drei Götter wiederum sah man auch als Repräsentation des Himmels und des Häuserdachs an.

Dächer waren aus drei Schichten gebaut. Der Architekt wurde eigentlich deshalb „*Raaz*" genannt, weil er ein Dachbauer ist (wobei das Dach ein Gewölbe ist). Die Gottheit Raam wurde auch Raaz = Architekt genannt. Raam, die Göttin des Daches, war in ihrer Funktion identisch mit Armeiti (A-ram-ti), der Erdgöttin, die in allen Körpern der Lebendigen, so auch denen der Menschen, teilhabend ist (dies steht im Kontext mit der Vorstellung, dass der Himmel zur Erde und die Erde zum Himmel wird).

Die drei Götter 1. Raam, 2. Manthra Spenta und 3. Bahram stellten das Dach der Zeit und den Himmel dar. Manthra Spenta war der Ehegott, der Freundschaftsgott, der Ur-Verbindende Gott und der Balken der zwei Torflügel schloss und damit das Leben und die Verbindung schützte und die Geborgenheit sicherte. Diese Gottheit wird mit dem Lorbeerbaum, der immergrün ist und der auch *Sang* („Stein" = Prinzip der Verbindung) genannt wird, identifiziert.

Der Name Manthra wird in der zoroastrischen Theologie als „heiliges Wort Ahura Mazdas" übersetzt. Sorousch, der Bote der verborgenen Vernunft (*Assan-Xrad* = Bahman) war Träger dieses Manthras oder Balkens oder Schlüssels, oder dieses Mysteriums und Geheimnisses der Eröffnung und Schließung des schützenden Tores der Neuschöpfung des Lebens, das zwei Flügel 1. Raam (die erste Verkörperung Arthas) und 2. Bahram hat.

Die Natur des Menschen besteht aus 5 Göttern

Wie wir bereits besprochen haben, bildet sich der menschliche Feuersame (das heißt seine Natur) aus 5 Göttern: 1. Raam, 2. Artha (Simorgh), 3. Bahraam, 4. Sorousch und 5. Raschn: Das ist der Same, der Mitternachts im *Abaad-Yaan* durch die Verbindung von Raam und Bahraam durch Artha entsteht, und der durch die Zwillinge Sorousch und Raschn (die die Morgendämmerung und den Prozess der Wachwerdung = ‚das Gebären' darstellen) als Boten oder Hebammen zu Tage gefördert oder zur Geburt gebracht wird.

Sorousch ist der Wegeröffner oder der Toröffner und er
repräsentiert eine Seite der *Assan-Xrad* oder der „Lebensquelle" (*Axv*), die man als Schlüssel oder Manthra bezeichnet.
Raschn steht für die andere Seite der Ur-*Xrad* als Maß oder als
Kelterer (der die Essenz oder den Saft der Dinge herauspresst,
welcher dann *Var* genannt wird – dabei sei bemerkt, dass dieses
„*Var*" die begrifflich etymologische Quelle der deutschen
Begriffsreihe der „Wahren", der „Wahrheit", von „wahr" und
„bewahren" bilden muss). Das persische Wort *Va-Var* (im
heutigen Persisch: *bavar*) heißt „etwas auf das man sich
verlassen kann" oder „vertrauenswürdig". Raschn wird in der
Mythologie als der Maßstab und als die Waage (*Trazu = tara +
razu,* „die Richtschnur" = *Rasan*) dargestellt.

Raschn und Sorousch, die eigentlich zwei Aspekte der Ur-*Xrad*
in ihrem Offenbartwerden darstellen, wurden im Mithraismus
und im Zoroastrismus entsprechend derer Lehren anders und
unterschiedlich interpretiert und gehandhabt. Die gemeinsame
Tat beider Religionen oder Glaubenssysteme aber war, dass
beide diese Zwillinge aus der menschlichen Natur gänzlich entfernten, und dass sie die Konzepte, die Raschn und Sorousch
einst verkörperten, ausmerzten; so wie sie das bereits mit dem
Konzept des Gotteswesens als Ähre (Khusche, Artha-Khuscht)
getan hatten.

Der Schutz und die Protektion des Lebens war die inne-
wohnende Kraft des *Axv* (der *Assan-Xrad,* der Lebensquelle),
die sich in beiden Aspekten: Sorousch und Raschn (d.h. der
Xrad als Schlüssel und der *Xrad* als Waage und Richtschnur)
sichtbar machte. *Axv,* die Urquelle des Lebens bedeutet Pro-
tektor, oder auch das, was im englischen Begriff des *‚guardian'*
umfasst ist. Das Leben hat die schützende und abwehrende Kraft
bereits immanent in sich. Und diese schützende und abwehrende
Kraft nimmt in Sorousch (dem Schlüssel) und in Raschn (das
Maß, dem Kelterer der Essenz, die Waage) als zwei Aspekten
der individuellen *Xrad* ihre Gestalt an.

Die *Xrad* des Menschen ist in ihrer Natur damit *gegen* jede vormundschaftliche Macht, gleichwie ob diese in einer Regierung oder einer Religion begründet ist. Der Mensch lehnt jede Macht ab die seine Autonomie – selbst mit der Behauptung des Schutzes und des Sorgetragens für das menschliche Leben – in Frage stellt.

Mithras, der im Mithraismus den Sorousch und den Raschn als seine Ko-Schöpfer übernimmt, trennt sich gewaltsam von der Menschennatur. Durch den Schnitt in die Ader schöpft der Mithras im Mithraismus (das ist der zentrale Akt des Mithras in allen Reliefdarstellungen). Die Ader war identisch mit der Gottheit Artha Khuscht = Artha der Ähre. Artha oder A-ratha ist der Ur-Wagen oder das Ur-*Yugh* oder die Ur-Verbindung, der sich bewegende Beweger der Welt und die damit verbundene Zweiheit. Einerseits war Artha die „Ähre" und andererseits verkörperte sie das Prinzip der Schöpfung durch die Verbindung und die Vereinigung. Mit dem Zerschneiden der Ader (Artha) wird der Ursprung der Welt als Ähre und als Verbindung negiert.

Auch Zarathustras Ahura Mazda hebt sich auf ausschweifende Weise empor, löst sich von den Menschen und der Natur ab und schweift abgetrennt und losgelöst weit in die Höhen. Was den Zoroastrismus anbetrifft so kann man sagen, dass die zoroastrischen Texte den Menschen niemals als den Schlüssel aller Schlösser erwähnen weil man *Axv* und Bahman, Sorousch und Raschn in der Natur des Menschen als Autorität anerkannt hätte, die das Leben schützen, protegieren und die Gefahren abwehren, und dass die Vereinigung des Menschen (die Gesellschaft) die einzige und berechtigte Instanz schließlich für das Übernehmen dieser Aufgabe des Schutzes wäre.

Die Vereinte *Xrad* der Menschen (im *Hamporsi* = dem Zusammen-Suchen und -Forschen) ist der Wächter der Gesellschaft. In der iranischen Kultur ist der Staat nur dann legitim, wenn er das

Leben und die *Xrad* aller Menschen in der Mitgestaltung beim Staat und in der Ordnung schützt und gewährleistet.

Bei Zarathustra wird die Wehr- und die Hilflosigkeit des Menschen dargestellt im Sinnbild des brüllenden und wehklagenden Gaoschurvan (Rind = *Gao* = Leben, die Ähre aller Lebenssamen), das keine *Xrad* (Augen und Blicke) zum Schutz (*Pannah*) und zur Wache über sein Leben besitzt. Anders ausgedrückt ist der Feuersame oder das Feuerkorn des Lebens im Menschen und in der ganzen Lebenswelt keine Quelle des Lichts (= der Erkenntnis, der *Xrad*). Damit wird abgelehnt, dass *Axv* = Artha = *Fran* = *Praane*, das Feuerkorn des Lebens, sich im Feuerherd des Leibes (*Tan*) entzündet und, als Flamme und Wärme, die nötige Erkenntnisfähigkeit (das Licht, *Xrad*) in den Augen und in allen anderen Sinnesorganen zum Schutz des Lebens hervorgebracht hat. Das Feuerkorn des Lebens-Ursprungs erzeugt von selbst aus keine Wärme und kein Licht. Aus den Augen und den anderen Sinnesorganen, dem Feuer des Lebens, strahlt das Licht (die beschützende Erkenntnis) nicht aus. Die Sinnesorgane verlieren ihre immanente Fähigkeit durch die Paarung und Verbindung mit den Phänomenen Erkenntnisse (Licht), Bewegung und die Freude an der Mitschöpfung (*Sam-Bagh*) *zu initiieren*. Die Kooperation (die Mitschöpfung in und an der Welt) um im Welthaus zu wohnen geht verloren. Und von nun an können alle Feurkörner des Lebens sich ihr Licht nur noch von Ahura Mazda (als Quelle des unbegrenzten Lichts) borgen.

Kein Mensch (*Mar-tokhm, Tokhm* = Same) ist nunmehr selbst eine Quelle des Lichts, sondern der Mensch wird zum puren Lichtempfänger reduziert. Was folgt nun daraus? Im Zentrum des Menschenlebens ist ein Feuer ohne Lichtstrahlen und Wärme, das heißt dies ist ein Feuer ohne die schützende und die abwehrende *Xrad*. Und von jetzt an ist Ahura Mazda die beschützende *Xrad* und der Allwissende (*Harwisp-akasih*, das unendliche Licht). Damit raubte man von jedem die Gleichberechtigung zur Teilhaftigkeit an Gott und am Schlüssel-, Waage- und Maßseins, das im Bild der Gott-Ähre (Artha-Khuscht) gegeben war.

Das Tor zu Bahmans Burg
Wer dieses Tor ohne Drohung und Gewaltanwendung öffnet, ist dazu legitimiert zu regieren

Im Schahnameh finden wir die Geschichte von Bahman, die in epischer Form dargelegt ist und die unter dem Einfluß der zoroastrischen Theologie umgedeutet und verunklart worden ist. Der Gedanke von Staatslegitimität, wie er im Sinnbild der Burg des Bahman zum Ausdruck gebracht wurde, widersprach dem zoroastrischen Konzept über die Staatslegitimität. In der zoroastrischen Theologie ist ein Staat dann legitim, wenn er die Lehren Zarathustras verbreitet und wenn der Herrscher ein direkter Nachkomme vom König Vischtasp ist, dem ersten Verbreiter der zoroastrischen Lehre.

In der Erzählung des Schahnameh tritt der Gedanke der ursprünglichen politischen Kultur des Iran, der den Kern des Mythos bildet, trotz aller Modifizierungen hervor. Die Ausstrahlung des Mythos wirft hier ihr Licht auf die Kultur, die zoroastrischen Gewichtungen alleine würden diese Kultur leblos und verengt wirken lassen. Die frühe politische Kultur wird sichtbar im Zusammenhang mit den Darlegungen über den König Kavous und die Frage darüber, wie ein Thronfolger bestimmt werden muss. Der mythische König Kavous möchte seinen Nachfolger bestimmen und in dieser Situation nun entscheidet ein einziges maßgebendes Kriterium, wer die Nachfolge seiner Herrschaft (das Hüten, das Fördern und den Erhalt der Ordnung der Gesellschaft) antreten wird. Das bestimmende Kriterium zur Regierungsübernahme ist die Frage, wie das Tor zu Bahmans Festung geöffnet werden kann.

Bahman, der die „*Arke*" des menschlichen und des gesellschaftlichen Seins (der Stadt, des Landes, der Welt) bildet, verkörpert
das Prinzip der Anti-Gewalt und der Anti-Drohung. Derjenige,
der vermag das Tor zu der Festung ohne Gewalt und Drohungen
zu öffnen, hat die Legitimität dazu die Gesellschaft zu lenken.
Wird Drohung und Gewalt angewendet, so bleibt die Burg
verschlossen und der Zugang zu dem Gebiet kann nicht erlangt
werden. Der Rivale Kai-Khosrows versucht diese Festung mit
Gewalt zu erobern um König zu werden, aber sein Versuch
scheitert und er muss enttäuscht zurückkehren. Aber als Kai-
Khosrow sich den Mauern der Burg nähert und einen Brief in
eine Mauerspalte tut, öffnet sich das Tor und er kann in die Burg
eintreten.

Was bedeutet das, einen Brief in die Mauerspalte zu legen, das
hier die Funktion eines Schlüssels übernimmt? Darauf wollen
wir im weiteren eingehen. Der Erzählung sind zahlreiche
kriegerische Taten beigefügt, die späteren Datums sein müssen
und die mit dem Wesen Bahmans in keinem Bezug stehen.
Bahman ist die schöpferische, ordnende und zusammenbindende
Vernunft, die allen Lebensträgern und allen Menschen immanent ist, die dem Leben seine Form gibt und das Prinzip von
Anti-Gewalt und Anti-Drohung verkörpert. Bahman, der auch
Arke-Paan = *Arkevaan* = *Arche-vaan* genannt wird, ist im
individuellen wie auch im gesellschaftlichen Wesen die
Radachse, der Drehpunkt, das Gelenk oder auch die Bewe-
gungsquelle, auf deren Grundlage Bewegung und Ordnung
stattfindet.

Aufgrund seines Wesens akzeptiert Bahman weder Gewalt noch
Drohung und öffnet sich nicht gegenüber der feindschaftlichen
oder aggressiven Gesinnung, die sich gegen das Leben richtet.
Bahman, der die Grund-*Xrad* ist, bestimmt das Grundwesen der
Politik, und als Hüter des gesellschaftlichen Lebens lehnt er die
Gewalttat und jegliche drohende Aktion zur Erwirkung einer
Gesellschaftsordnung ab. Mit dieser Vorstellung war das Funda-

ment der iranischen Kultur für Jahrtausende gelegt worden –
wenn es auch von den Herrschern ignoriert und vorwiegend mit
Füßen getreten worden ist. In seinem tiefsten Gewissen hat das
Volk die Legitimität aller Regierungen fortwährend mit diesem
Maßstab beurteilt, verurteilt oder gewürdigt.

Bahman bildet als „*Arke*" des individuellen Menschen seine
Natur, und diese lässt sich nichts aufzwingen und sie widerstrebt
jeder Macht oder Autorität die dieses „Auf-sich-gestellt-Sein des
Individuums" in Frage stellt oder angreift. Eine Infragestellung
des „Auf-sich-gestellt-Seins des Individuums" kommt einer
Vergewaltigung oder Beraubung der menschlichen Natur gleich.
Arke heißt „Beginnender" (Initiator), „Öffnender", „sich selbst
Bewegender" und „Ordnender". Wir werden diese Eigenschafts-
facetten im weiteren noch genauer erklären.

Das Verschlossenbleiben der Burg Bahmans bedeutet, dass
diese Wesen (das Individuum + die Gesellschaft) sich die
Selbstständigkeit nicht nehmen lassen, sich als die Selbst-
Maßgebenden nicht unterwerfen und umwerfen lassen oder zu
Untertanen machen lassen. Der Herrscher, der Staat und die
gesellschaftliche Ordnung hat es mit solch einem Menschsein zu
tun, dessen zentraler Punkt diese *Arke* dessen Wesens ist.

Für ein besseres Verständnis des Begriffes *Arke-waan* =
Bahman müssen wir uns den Begriff *Schahr* und dessen Bedeutung in der iranischen Kultur vergegenwärtigen. *Schahr* ist
gleichzeitig 1. die Stadt (Gesellschaft), 2. das Land, 3. das
Imperium, 4. die Weltstadt und 5. der Staat (die Herrschaft). In
seiner umfassenden Bedeutung beruht „*Schahr*" auf der Be-
wusstwerdung eines allgemeinen Prinzips, und zwar dass man
nur mit gewissen Vorbedingungen in die *Schahr* = *Xschathra* =
Burg aufgenommen wird oder dort eintritt.

Mit dem Aufgenommen-Sein oder dem Eintreten in die *Schahr*
gibt derjenige das Denken in jeglicher Gewaltform oder Dro-

hungshaltung auf. Dies ist das hauptsächlich ordnende Prinzip von Zivilisation und Kultur. Die *Assan Xrad*, die Ur-*Xrad* der *Schahr* oder der geordneten und blühenden Zivilisation, ist die *Xrad* der Anti-Gewalt und der Anti-Drohungshaltung. Hierin ist das zentrale Verständnis zu sehen, auf dem der Begriff der *Schahr* beruht.

Bahman ist einerseits die Unantastbarkeit des menschlichen Gewissens und der *Xrad* als der maßgebenden Autorität, als Quelle der Bewegung, der Erkenntnis und Ordnung, und auf der anderen Seite ist Bahman im Staat und in der Herrschaftsform der Garant einer gesellschaftlichen Ordnung, die eine Unantastbarkeit des Menschen, als Maßstab und in Selbstbestimmung, mit vollem Bewusstsein akzeptiert.

Bahman verkörpert damit den Prozess der ordenden *Xrad* und keine final gedachte Erkenntnis, keine finale Lehre, kein perfektes System, keine entgültige Ordnung und keine Idee eines fixierten Gerechtigkeitszustands. Eine Endgültigkeit ist bei dieser ‚ordenden *Xrad*' ausgeschlossen.

Bahmans Burg ist die *Schahr-Xrad*
Schahr-Xrad bedeutet:
die Stadterbauende und die Staatenbegründende Vernunft
Schahr = *Xshathra*
Artha-Xshathra = die arthaische *Schahr* (Stadt) und der arthaische Staat (Gesellschaft + Staat)
Artha-Xshathra = die Sichtbarwerdung Bahmans

Was im Schahnameh als Bahman-Dezh = die Festung Bahmans bezeichnet wird, ist eigentlich die *Schahr-Xrad-yazd* (= die Gottheit der *Xrad*, die die *Schahr* baut und ordnet).

Zarathustras Lehre begründete sich auf dem Gedanken, dass sein Hauptgott Ahura Mazda der Lebensbehüter überhaupt ist, und damit galt sein Gott auch als der Stadterbauer und der Staatenbegründer. Dabei ging es tatsächlich aber um das Ergreifen weltlicher Macht. Die Mubeds waren darin versiert mit den Lehren ihres Gottes Ahura Mazda umzugehen, der nunmehr als legitimierende Instanz zur Staaten- und Herrschaftsbegründung diente. Die *Assan Xrad* (Bahman) wurde als eine primäre Instanz aus der religiös-kulturellen Vorstellungswelt des Iran verdrängt. Der Gedanke der *Assan Xrad* = der bindenden Vernunft = der ordenden, initiierenden und öffnenden Vernunft, die dem Menschen immanent war, war ihnen als der Initiator von Zivilisation und Staat nicht mehr bekannt, und Bahman – der auch Hakha-man und Axv-man genannt wurde, als Repräsentant der *Xrad* des Menschen, als der Stadterbauer und Staatenbegründer – wurde von ihnen abgelehnt.

Es sind die Menschen, die durch Verbindungskraft die Kraft zur Synthese, die Zivilisation und die gesellschaftliche Ordnung hervorgebracht haben. Ganz im Gegensatz zur religiösen Doktrin des Zoroastrismus haben die Achämeniden sich, bereits mit ihrem Namen, mit einer unpersönlichen und namenslosen Gottheit verbunden und Ahura (Axv-ra) Mazda oder Artha-xschathra war allein die Sichtbarwerdung des unsichtbaren und ungreifbaren Hachaman (Bahman) gewesen. Anders ausgedrückt war der Gott Ahura Mazda für die Achämeniden bloß der zur Gestalt gewordene Bahman (Haxaman = Nairyo-sang).

Hakhaman ist nicht nur der Ahne der Achämeniden gewesen, sondern auch der Name ihrer unpersönlichen Gottheit. Die Absicht ihres Königtums war es, die *Schahr* oder *Xshathra*, die Idee die in Hakhaman = Bahman lebte, zu verwirklichen und sichtbar zu machen.

Die Gottheit Bahman verkörpert die *Assan Xrad* in jedem der Zivilisation (Stadt = *Schahr* + gesellschaftliche Ordnung und

Gesetzmäßigkeit) initiiert und baut. Das Prinzip (= die unpersönliche Gottheit), das durch die *Schahr* anhand Bahmans Festung gebildet ist, ist das Prinzip des Bahman selbst, das bebaut, ordnet, schützt und bewahrt. Es ist das Prinzip derjenigen Erkenntnis, die das ganze Volk durch die Vereinigung ihrer *Assan Xrads* gewinnt.

Bahman ist „*Assan-Bagh*" in seiner Eigenschaft und seine Pflanze heißt *Hassan Bag Uti* (*Uti* = „Pflanze"). Die *Mehr-Giyaah* („Liebespflanze") = Mithra, ist der Name des Ursamens gewesen, der den Ursprung der Menschen bildet, aus dem der Mensch wächst. Die Pflanze *Mehr-Giyaah*, der Ursame der Menschen, heißt im Kurdischen *Hassan Baghi* = der Stein-Gott = die Gottheit als Prinzip der Verbindung.

***

Die Gottheit Bahman oder das *Assan-Bagh* ist im Schahnameh in der Gestalt des Huschang (*Hao-Schyaan*) zu finden, dem ersten der das Feuer entzündet und dem ersten der aus dem Feuer Licht erzeugt. Dieses Licht ist geboren aus der Flamme des Feuers, das aus dem Stein (dem Prinzip der Verbindung) seine Funken wirft und das entfachender Natur ist.

Bahman trägt die Eigenschaft des *Adhar-Frooz*, das heißt des Feuerentzünders oder In-Flamme-Setzers, und dieses Feuer – selbst – galt als der Ursprung des Lichts. Bahman ist kein Licht, sondern das entzündete Feuer selbst ist das, das Licht gebiert, das (aus-)strahlt und wärmt. Das Primärsein des Feuers gegenüber dem Licht war für die arthaische Weltanschauung bestimmend. Das Feuer ist der Same oder der Mutterleib, der die Quelle des Lichts und der Erkenntnis ist und der Mensch ist ein ‚Same des Feuers' (*Mar-Tokhm*). Ganz im Gegensatz dazu wird für Zarathustra das Licht eben nicht aus der Dunkelheit, der Verbindung und der verbundenen Zweiheit geboren, sondern für ihn ist das Licht an sich das Primäre, und dieses Licht ist nicht

ursprünglich aus dem Feuer geboren. Das Feuer empfängt für
Zarathustra sein Licht vom Gott Ahura Mazda.

Eine Bedeutung des Namens Huschang (= *Hao-Schyan*) ist
„gutes Haus", aber *Sche-Yaan* bedeutet eigentlich „eine gute
Dreiheit, die sich an einem Ort oder in einem Haus vereinigt und
verbunden hat". Das *Hao-Shyan* ist das *Para-dhaata*, das Ur-
Gesetz, die Gerechtigkeit, der Ur-Gesetzgeber und das
Gerechtigkeitsstiftende. Die allen Menschen immanente *Arke*:
Bahman oder die *Assan Xrad* ist ur-gesetzgebend und ur-
gerechtigkeitsstiftend, aber dieses Element nimmt erst in der
Verbindung mit Anderem eine sichtbare Gestalt an. Diese Art
Grundidee war aber nicht mit der zoroastrischen Lehre ver-
einbar, denn dort sieht das Gotteskonzept den Hauptgott Ahura
Mazda als den ursächlichen Gesetzgeber und die Quelle der
Erkenntnis überhaupt (das unbegrenzte Licht) vor. Und Ahura
Mazdas Licht stammt eben nicht vom Feuer (*Tokhm*,
Rohrgewächs = Mutterleib), durchgeht keinen Geburtsprozess
und kommt nicht durch ein Verbindungsprinzip zustande.

In der zoroastrischen Lehre wird die Gestalt des Bahman zu
einer abhängigen Fortsetzung von Ahura Mazdas Licht und
verliert damit auch ihre ursprünglich zentrale Rolle (der *Arke*) in
den städtischen und staatlichen Angelegenheiten.

Die Stein-Gottheit oder das *Assan Bagh*

Die schöpferische Kraft der Verbindung = Stein

Die *Schahr- (Xshathra) Xrad* oder Bahmans Festung
ist die *Assan- (a-thanga) Xrad*

Bahman ist die *Assan- (Sang* = Stein) *Xrad* oder
‚die schöpferische Kraft der Verbindung'

Assan Bagh = Bahman = *Hakhaman* = *Andiman*

Hakhi = Genosse (*Hakhamanis*)
Hakhman = Freund, Freundschaft

Bahman ist das Prinzip der Verbindung oder der *Sang* = *Athangha* = *Assan* = „Stein" – das Sinnbild das die iranische Weltanschauung wesentlich bestimmte, und obgleich auch die maßgebende Rolle Bahmans von der zoroastrischen Theologie verdeckt und verdrängt worden ist, so kann man seine Bedeutung und seine Eigenschaften über das noch vorhandene und uns überlieferte Material rekonstruieren:

1. Im Pahlavi bezeichnet das Wort *Pay* die Adern, die Arterien und die Nerven. Im Soghdischen kommt der Bezeichnung *Thanga (Sang)* die gleiche Bedeutung zu. Die Adern und die Arterien wurden mit der Gottheit Artha (Simorgh) und die Nerven mit Bahram identifiziert. Das Auge wurde mit der *Xrad* assoziiert, weil es die Verbindung von Bahram und Artha, dem Ur-Schöpfungspaar, versinnbildlichte. Und auch die Erkenntnisse, die durch alle anderen Sinnesorgane (die sich über den ganzen Körper erstrecken) erlangt werden können sind: *Assan-Xrad*, das heißt sie alle sind durch das verbindende Prinzip oder Bahman zur Existenz gekommen.

Im Buche Al-Tafhim von Biruni erfahren wir, dass die Leber, so
wie ‚die beiden Nasenlöcher' (die Atemorgane), aus der Verbindung zweier Götter besteht, die in der iranischen Kultur Bahman
und Artha gewesen sind. Die Leber (*Dji-gar*), die man als
„Quelle des Blutes und der Wärme oder des Lebensfeuers" betrachtete, wurde auch mit der Gottheit Bahman
identifiziert.

2. Das *Sang* (*A-thangha* = *Assan*), das Prinzip der Verbindung,
findet eine Gestalt in der *Assan Xrad*, die innerster Wesensteil
jedes Menschen ist und die als diese innerste Wesensbeschaf-
fenheit *Handiman* oder *Andiman* genannt wird.

Bahman ist das Verborgene, das innigst Erlebte, der vetrauteste
Teil im Menschen (*Androon*). Und Bahman, der ursprünglich
auch Akuman: Die Quelle des Wunderns, des Fragens und des
Warums gewesen ist, mischt sich von Geburt an in jeden
Menschen hinein und bestimmt so dessen Natur.

In der zoroastrischen Theologie werden Bahman und Akuman
voneinander getrennt, weil in ihrer Lehre Bahman die erste
Verkörperung von Ahura Mazdas Licht ist, und weil der Zweifel
und das Fragen-Stellen (das Wesen Akumans) nicht mit dem
Wesen dieses Lichts vereinbar ist. Akuman war Bahman als
Fragender (*Aku*), Sich-Wundernder und Zweifelnder und diese
Taten waren mit dem Akt des Glaubens nicht vereinbar.
Akuman wird deshalb als ein mächtiger Div (ein böser Geist)
der Gestalt des Bahman entgegengesetzt. Der dämonische Teil
von Bahmans Charakter wird abgelehnt.

3. Das *Sang* wird in seiner anderen Gestaltungsform auch als
Sam-bagh oder *Nairyo-Sangha* genannt. *Sambagh* ist die
Partnerschaft der Götter in der Schöpfung, derer die mensch-
liche Natur teilhaft ist. Daher wird der Begriff *Sambagh*
(*Hambagh*) als „Freund", „Partner" und „Sich-Umarmen-
de" übersetzt.

Im Wizidagiha-i Zadspram (den „Auswahlen des Zatspram") erfahren wir, dass Nairyosang die Kraft ist, die die vier Geisteskräfte miteinander verbindet und die damit lebensgebend ist. Dies konstituiert das *Axv*, aus dem diese Geisteskräfte sich dann weiter entwickeln können.

In der zoroastrischen Theologie wird Bahman als Handiman oder Andiman benannt, als derjenige, der immer in der Gegenwart Ahura Mazdas ist. Er ist nicht mit Ahura Mazda verbunden, sondern nur vor Ahura Mazda gegenwärtig oder in dessen Gegenwart, was der eigentlichen Wesensbestimmung des Bahman total widerspricht (denn er ist somit nicht mehr *Sang*).

3. Eine andere Gestaltungsweise des Prinzips eines *Sang* ist der Verein und die Versammlung. Sie wird *Hanjaman* genannt. Das Wort *Hanj* entspricht in der Bedeutung dem Wort *Sang*. *Hang* + *gaman* bedeutet „zusammenkommen (das Morphem und Wort „*gam*" kommt dem Sinne gemäß etwa dem Englischen „*to come*" gleich) um sich zu verbinden" und zu seinem *Sang* zu werden. Im Buddhismus wird eine bestimmte Zusammenkunftsform *Sangha* = *Sang* genannt. *Handj*, das also eine Form des *Sangs* ist, ist ein „Ziehen" und eine „Anziehung"; der Begriff *Hanjoman* bedeutet etwa ein ‚zusammengezogen Werden' oder ein ‚in Zusammenhang kommen'. Die *Assan Xrad* bindet im Verein (*Anjoman*) oder in der Gruppe alle Teilnehmer miteinander.

Bahman nannte man im Volksmund auch Bazmune. Das Wort *Baz* stammt von *Waaz* = *Way* = *Dvaya;* Wörter die alle in der einen oder der anderen Form eine „verbundene Zweiheit" bedeuten. *Mun* ist „die Quelle" oder „das Zentrum". Das Wort *Bazm* andererseits lässt sich etwa übersetzen als „fröhliches Zusammensein" oder „sich mit der *Xrad* gemeinsam beraten". Bei einem „*Bazm*" trank man gemeinsam Wein, denn man glaubte, dass sich im mäßigen Genuß von Wein Wahrheit sichtbar machen würde. Die fröhliche *Xrad* kann in der Ver-

sammlung die Wahrheit besser finden. Bahman war die Gottheit
der fröhlichen *Xrad* in einer fröhlichen Versammlung.

Das Wort *Khorrami* war im Iran ein Ausdruck mit dem man das
mäßige fröhlichkeitsbegleitende Weintrinken bezeichnete, mit
dem man die Fähigkeit zur Wahrheitsfindung im Denken
förderte.

Bahman gründet die Stadt (*Schahr*) und den Staat (*Schahr* =
Xshathra) durch das *Anjoman* und das *Bazm*, denn die *Assan
Xrad* zeigt sich im Prozess des *Ham-Porsi* = *Ham-pursakih* –
des Dialogs, des Zusammensprechens und des Sich-gegenseitig-
Konsultierens – durch das die Menschen „zusammen-
hängen" (*Hang* = *Sang* = eine Verbindung). *Porsidan* ist das
Suchen, das Fragen und das gemeinsame Besorgtsein. Im
Pahlavi bedeutet das Wort *Hang* (das in einer gemeinsamen
Wurzel auch im deutschen „Zusammenhang" erhalten ist)
„Erkenntnis" und „Verstand", und *Hangaam* bedeutet „Verein".
Es ist eine Verbindung durch die *Xrad*.

Die Wolke und der Blitz sind ein *Sang* (Stein) Der Mensch ist der Empfänger des Götterfunken (Blitz) und kein Empfänger des Lichts eines Lichtgottes Der Mensch gleicht einem Blitzableiter

Im Bundahischn sehen wir, dass die Wolke und der Blitz beide
zusammen *Sang* genannt werden. Wolke und Blitz spielten in
dieser Kultur die gleiche maßgebliche Rolle, die die Sonne für
uns einnimmt in den Fragestellungen über das Denken, die
Wahrheit, die Erkenntnis und das Bewusstsein. Die ‚schöpferische Verbindung' (*Sang*) der dunklen, wasserträchtigen Wolke

(= Simorgh erscheint im Schahnameh immer als dunkle Wolke, denn sie ist die Regen- und die Himmelsgottheit) mit dem Blitz versinnbildlichte den Gedanken der Geburt des Feuerkorns, das von sich selbst aus Licht erzeugt. Der Blitz war der Träger des Samens Bahmans (*Sang*) und der Mensch war der Ofen oder das Feuerbehältnis dieses göttlichen Funkens. Der göttliche Feuerfunke (Blitz) oder *Sang* (Bahman = *Assan Bagh*) bildete die Quelle des menschlichen Bewusstseins, seiner *Xrad* und seines Gewissens. Im Blitz transsubstantierte sich der Same der Gottheit Bahman oder Artha (A-ratha = Al= Hara), und er wurde deshalb *Xratu* = *Xra-Rathu* = *Hra-Rathu* genannt.

Der Blitz trägt in der iranischen Kultur mehrere Namen die diese Idee veranschaulichen:

Im Tabari Dialekt wird der Blitz 1. *Sendjel*, 2. *Sakal*, 3. *Elbiss* und 4. *Al-su-su* genannt.

1. *Sendj-el* ist identisch mit *Sang+al*, der „Steingottheit". Im Koran ist dieses Wort in der Form: *Sedjil* vorgekommen.

2. Im Kurdischen bedeutet *Sak* „Mutterleib" und „Embryo" bzw. „Fetus". *Sakal* setzt sich zusammen aus *Sak+al*. Im Pahlavi bedeutet *Sak: Sang* = Stein.

3. Das Wort *El-Biss*: *Bis* oder *Vis* oder *Vie* bedeutet die gebundene Zweiheit und ist „*Vay*", der „Gott des Windes, der Luft und des Himmels". Dieser Name ist im Koran zu Ebliss = Satan geworden. „Blitz" heißt im Iran wörtlich Feuer. Die Bewegung der Lüfte ist die Quelle des Feuers und der Wärme. Al oder El ist die Geburtsgöttin.

Im Sistani-Dialekt bedeutet *Sang-ak* „Mutterleib". Der Blitz trägt – als ‚Mutterleib' – das göttliche Feuerkorn mit sich. Im Persischen wird der Blitz auch *Arthajak* genannt, das soviel bedeutet wie *Artha* + *Jugh* oder verbundenes Paar. Dieses Wort beinhaltet sowohl die Bedeutung von „Feuer" als auch die Bedeutung von „*Raksch*": *Raksch* ist 1. der Blitz, 2. die zwei gebundenen Farben Rot (pers. *Bur*) und Weiß, 3. der Regenbogen und 4. der Anfang.

In Pahlavi-Texten wird der Blitz *Adhar-Gosch-Asp* genannt. *Adthar* = Feuer; *Goschn* = ein befruchtendes Tier, *Asp* = Pferd (Geschwindigkeit). *Adhargoschnasp* bedeutet: ein ‚Sperma', das mit höchster Geschwindigkeit schwängert. Man erkennt bei diesen Bezeichnungen, dass der Blitz die geschwinde Befruchtung der Erde und der Menschen durch Gott darstellte. Aus diesem Grund wurde der Blitz als der „lachende Blitz" bezeichnet und als „lachend" und fröhlich empfunden.

Der Blitz ist die Umarmung von Bahman oder Artha mit dem Menschen und mit der Erde. Das Fest Bahmans (*Ǧašne Sadeh* bzw. *Djaschne Sadeh*), das im Schahnameh dem Huschang (*Hao-shyan*) zugeordnet wird, steht eben für diese Umarmung des Himmels (Stein) mit der Erde. Huschang, der „*Adhar-Frooz*" (ein Feuerentzünder) ist, ist derselbige Bahman: „*Assan Bagh*". Der Begriff des *Adhar-Frooz* vermittelt in Wirklichkeit die Idee des Schöpfertums. Allein durch die zoroastrische Umarbeitung des Mythos hat man, zur Anpassung an Zarathustras Lehren, den Zusammenstoß „zweier Steine" (Antinomie und Kampf) als den Ursprung der „Feuerentfachung und des Lichts" dargestellt. *Adhar-Frooz* (Feueranzünder, -entzünder = Flammenträger) zu sein bedeutete „durch Geburt und Wachsen entstehen" und ebenfalls „die Quelle der wahren Erkenntnis" zu sein, das heißt Lebensvermehrer und Licht- und Erkenntnisquelle zusammen zu sein. Leben und Licht (Erkenntnis) sind ein gebundenes Paar. Mit dem Akt des „Feuerentzündens" werden „Lebenserkenntnisse", „Wärme und Licht" miteinander verbunden ausgestrahlt.

Dieselbe Rolle spielen also auch die Wolke und der Blitz im Himmel, die auch *Sang* genannt werden. Der Himmel (*Ass-man*) heißt auch *Sang*, nicht weil er dem heutigen Sinn nach eine harte und dichte Materie ist, sondern er heißt *Sang*, weil er eine „schöpferische Verbindung" ist. Die Luft (= *Vay*) und der Wind sind ihrem Wesen nach gleichermaßen „*Joft-Gohar*", ein Paarwesen = „eine Quelle der Schöpfung und des Lichts".

Der Blitz ist ein Same, weil er ein *Sang*, ein Paarwesen ist. Die Wolke (*Abr* = *Abar* = *Ap+var*) wurde als Wasserschlauch oder als ein „Mutterleib" vorgestellt, übervoll mit Wasser. Der Mutterleib galt als ein Sinnbild eines Orts der Überfülle und des Reichtums. Der „Mutterleib" wird *Aab-gah* = آبگاه : wörtlich etwa „Wasserbehälter" genannt. *Ap* oder Wasser bedeutete den „Lebenssaft" überhaupt und umfasste alle Liquiden, einschließlich der Lebensessenzen der Pflanzen und der Tiere. Das Wort „Wolke" im Persischen: *Abr* = *Ap+var* heißt wörtlich „„Mutterleib' der Wasser trägt". Die wasserträchtige dunkle Wolke wurde mit der Pari (der Geburtsgöttin) = mit Simorgh identifiziert.

Die Wolke als Mutterleib ist der „Lebens- und Feuer-Ausstreuer", sich selbst verschenkend. Dieses Sich-Verteilen, Sich-Ausstreuen und das Sich-Transsubstantiieren war die Schöpfungsart dieser Göttin. Dies göttliche Handeln nannte man *Radi*; das diese göttliche Handlung bezeichnende Attribut war das *Rad*. Um die Welt und die Menschen zu erschaffen, verschenkt, verteilt, verstreut, spendet sich Gott / die Göttin selbst in seiner / ihrer Überfülle. Die Benennungen *Bagh* und *Lan* oder *Laan* trugen diesen Sinn. In dieser Eigenschaft wurde Gott als „*Lan-Bagh*" bezeichnet.

Die Wolke blieb in der iranischen Literatur als Sinnbild der Großmütigkeit und als ein wahrer Spender, der sich durch Überfülle und ohne die Forderung nach jeglicher Gegenleistung herausgibt, bestehen. Durch den Regen und den Blitz (den Feuersamen = *Sang*) der Wolke (der Himmel wird immer als wolkiger Himmel dargestellt) wird die Erde, ihr Partner,

schwanger. Himmel und Erde (Artha) sind zusammen ein verbundenes Paar und werden nicht als Höheres und Niederes
qualifiziert. Die dunkle Wolke sammelt einen unermesslichen
Reichtum im eigenen Mutterleib an und übergießt sich letztendlich als Regen und in Blitzen. Sie beleuchtet nicht die Erde
und den Menschen weil diese arm an Licht sind oder unter
einem Mangel an Feuer und Licht leiden, sondern sie verschenkt
sich selbst, teilt sich der Erde mit – denn sie wird, zusammen
mit der Erde, die Quelle von Leben und Licht. Sie sucht keinen
der Arm im Geiste ist und lobt auch nicht die arm an Geist und
Leben sind. Sie hat Freude daran sich in der Verbindung zur
Erde und zum Menschen zu sublimieren, sich zu erweitern und
so zu vervollkommnen. So gibt es hier keine Höhe und kein
Niederes und auch erniedrigt sich diese Gottheit nicht um zur
Erde zu werden oder um sich mit der Erde zu paaren. Hier ist
eine Welt des *Sang* = Stein = der Verbindung = der Freundschaft = der Partnerschaft.

***

Eine andere Form des Wortes *Sang* ist das Wort *Handj*, das
„Anziehung" bedeutet. Das sich davon ableitende Verb ist
Handjitan: „sich anziehen". Die Anziehung und die Suche sind
die zwei Seiten einer Münze. Ein Paar (*Sang, Jugh, Mar* ...)
sucht sich gegenseitig, weil beide Teile einander anziehen. Jeder
sucht das, was ihn anzieht, auch wenn er dieses nicht kennt. Das
Wort „Suchen" = *Vidjustan, Djoyischn* leitet sich von der
Wurzel *Djoy* = *Jugh* (= *Juzh* = *Judj*) überhaupt ab. Die
Anziehung und die Suche sind die zwei komplemänteren Seiten
eines Phänomens. Die Verbindung (*Sang* = *Jugh* = das verbundene Paar) ist der zweiseitige Trieb von Suche und Anziehung.
Man sucht die Wahrheit, weil die Wahrheit – auch wenn man sie
nicht kennt – einen anzieht.

Die *Xrad* trägt ebenfalls in sich diese doppelseitige Bewegung
vom Suchenden und Anziehenden. Die *Xrad* sucht in den Phä-

nomenen stets ihren „Partner" um sich in Verbindung zu ihm zu empfinden und zu erkennen, und die *Xrad* wird von der Wahrheit in den Phänomenen angezogen. In einer Welt, in der die *Schahr Xrad* = *Bahmani Xrad* (*Assan Xrad*) den Wesenskern der Menschen bildet, ist alles eine gegenseitige Suche, da alles voneinander angezogen wird. Die Wolke und die Erde, Gott und Mensch suchen einander, weil sie sich auch gegenseitig anziehen. Dieses *Sang* ist aber keine statische, sondern eine dynamische Beziehung und dies macht einen bedeutsamen und wesentlichen Moment des *Sang* = suchen + anziehen aus, entspricht aber gewiß nicht dem, was wir heute unter einem Stein oder einer Versteinerung verstehen.

Das *Assan Bagh* oder die *Assan Xrad* ist eine Welt des Aufbaus in der Suche und der Anziehung und keine feststehende Bindung und Verhältnismäßigkeit. Die gleiche Dynamik kennzeichnet den Begriff des Maßes = *Andaazeh* = *Handaatschaak*, der auch durch den Terminus des *Sang* und des *Jugh* bestimmt ist, und zwar findet das „Maß-Sein" des Menschen sich nicht in einer prästabilisierten Harmonie, sondern ist werdend und sich entwickelnd. Man sucht sich und zieht sich gegenseitig an, um ein „Ei" = „Same" = *Sang* zu werden. Jedes Lebewesen ist ein „Ei", das sich aus dem Himmel und aus der Erde zusammensetzt.

Die Beziehung des Großmutes (*Radi*) bestimmte das Wesen des Wissens und des Wissenden, weil *alles* Träger des Blitz-Samens (*Sang*) ist. Der Wissende war zur Großmut (*Radi* = das Wissen zu verschenken und es ohne Gegenlohn mitzuteilen) verpflichtet, und das Wissen gab dem Wissenden kein Recht über den Unwissenden durch sein Wissen Macht zu erlangen, und so, gegebenenfalls in weiterer Konsequenz, vom Volk Gehorsamkeit und Abhängigkeit zu fordern.

Aus diesem Grund konnte auch kein Mensch, der sich als „Prophet" oder „Gesandter Gottes" bezeichnet hätte, das Volk im Iran ansprechen und sich durch die Vermittlung eines göttlichen Wissens, das nur ihm von Gott eingegeben ist, beim Volk Autorität verschaffen um die Menschen damit zu belehren. Selbst Zarathustra tut dies nicht, obgleich er die Rolle Ahura Mazdas Gesandten spielt. Zarathustra identifiziert den Gott Ahura Mazda genau aus diesem Grund mit dem unendlichen Licht und ist selbst letztendlich auch nicht *Adhar-Frooz* = Feuerentzündend.

Die Wissensmitteilung wurde nicht auf der Basis eines Bündnisses oder eines Gehorsamkeitsvertrags begründet. Die Wissensübermittlung gleicht einem „Blitz" – als Transsubstantiierung des Feuerkorns – der das andere Selbst zur Quelle des Lichts macht. Die Wissensvermittlung war keineswegs eine ‚Sonnenbestrahlung' (reine Lichtquelle), die die anderen bloß bestrahlt und beleuchtet, denn dadurch allein würde der andere nicht zur Licht- und zur Wärmequelle.

Diese Idee stand der Entwicklung der Geistlichkeit zur Autorität und Macht entgegen, und mit Zarathustra hat sich die Lage schließlich auch geändert. Die Priesterschaft wird zum Machtzentrum, und sie werden diejenigen, die dem Königtum und dem Staat die Legitimation zur Herrschaft verleihen, weil durch Zarathustra Ahura Mazda zum einzigen Lichtzentrum erhoben wird, das allen Feuersamen (allen Menschen) Licht und Wärme leiht. Die zoroastrischen Mudebs loben aber trotz ihrer Machtfülle das Ideal des „*Radi*", des Großmutes im Wissen, als ein nunmit sinnentleertes Ideal, und das entkernte und damit wirkungslose Ideal wird dann auch nicht mehr als unvereinbar mit ihrer Macht verstanden.

Wie der Mensch seine Ursprünglichkeit verliert!

Das was der immanente Wesenskern des Menschen war, wird von Zarathustra nun als „Botschafter" Ahura Mazdas entworfen.
Was vorher tief aus der Quelle des Menschen entsprungen war, wird dem Menschen jetzt als die Botschaft eines neuen Gottes vorgestellt.
Bahman, der in Neryosangh seine sichtbare Gestalt annimt, wird aus der Natur der menschlichen Natur herausgenommen.
Das bedeutet, dass der Menschenkeim keine Verbindung von Bahram und Artha (Raam), zweier Götter, ist!

Das Wort und der Name Nairyo Sang begegnet uns auch als Neryosangh, Nar-Sang oder Narsak. Und auch die „Linse" (lat. *Lens culinaris*) wird im Persischen *Narsag* und *Narsang* genannt, weil sie aus zwei Hälften, die in einer Hülle einbeschlossen sind, besteht. Nai-ryo-sangha (in Sanskrit: Naarasanka), das für die gebundene Zweigeschlechtlichkeit stand und die Quelle der Schöpfung und des Lichts bedeutete, bildete das Wesen des *Tokhm* oder des „Spermas" (des Feuersamens des Lebens).

In der zoroastrischen Theologie ist der „Ur-Same" des Menschen der Keyumars (Gayomard). Was ihn auszeichnet ist, dass er durch Ahriman krank gemacht wird und durch die so zugezogene tödliche Krankheit ‚zu Boden fällt' = erniedrigt wird: dieser Fall zu Boden bedeutet tatsächlich, wie wir noch näher erläutern werden, das „Erniedrigt-Werden". Ahriman führt mit dieser Tat aber in Wirklichkeit das aus, was Ahura Mazda will. Das ist die Strategie, die immer wieder von der zoroastrischen Theologie angewandt wird. Nach dem Fall im Moment des Sterbens, fließen der Mythologie zufolge die Spermien aus Keyumars heraus. In diesem mythologischen Bild wird der ‚Same des Menschen' durch die Sterblichkeit, die Erniedrigung und die Unfähigkeit das eigene Leben zu schützen definiert.

Das *Weh-franaftar* (der Feuersame des Lebens des Menschen), das die Umkleidung und das sich Verwandeln des Gottes (Artha) war, trägt ganz gegensätzliche Eigenschaften. Der ursprüngliche Feuersame des Menschen: A-rtha = *Fran* = *Praane* war aber auch die „gebundene Schöpfungskarre" und demgemäß auch Narsang. Das bedeutet aber auch, dass der Ursame in sich die *Xrad* hat, um sich selbst schützen und hüten zu können.

Doch Keyumars fehlt diese sich hütende *Xrad* oder das *Sang*; dadurch kann Ahriman ihn verletzen, krankmachen und ihn ‚zu Boden' fallen lassen. Man kann hieran sehen, dass im zoroastrischen Menschenbild die hütende *Xrad* oder auch das Narsang in seiner Eigenbedeutung fehlt. Gerade nach dem Fallen, im dem Moment des Sterbens fließt das Sperma aus Keyumars herunter, es fließt nicht etwa im Moment der Umarmung und der Liebe, sondern im Moment des Todes.

In Keyumars, dem Ursamen des Menschen, wird Bahman, der überall die Gestalt des „Narsang" (die *Arke*, das Prinzip des Initiierens, des Ordenden, Beginnenden und des Lichts) einnimmt, insgeheim eliminiert. Das heruntergeflossene Sperma wird später durch das Sonnenlicht geläutert und gereinigt, was bedeutet, dass der *Tokhm* = das Sperma keine Quelle des Lichts (Erkenntnis) ist. Zwei Teile des „Spermas" gehen an Narsang um so geschützt und gehütet zu werden und diese zwei Teile des Spermas, das durch Narsang jetzt als äußeren Gott geschützt wird, deuten eigentlich auf die zugrundeliegende Wesenheit

Narsangs hin. Einen Teil des Spermas „empfängt" Armaiti, die Göttin der Erde – womit der Leib eines jeden Menschen gemeint ist.

Als das Sperma aus dem Ur-Menschen herausfließt, findet sich Narsang als Hüter dieses Spermas ein; warum hat Narsang Keyumars nicht vorher vor dem Ahriman geschützt? Das Menschenbild der Zoroastrier stellt eigentlich genau das dar, was der „Fall des Menschen" war. Der Mensch kann sein eigenes Leben in der Welt und in der Gesellschaft nicht mittels seiner eigenen Kraft schützen und im fehlen die Initiative und das Vermögen dazu, die Stadt zu errichten und den Staat zu begründen.

Bahman als *Assan Xrad* – das die Arke ist, die jedem Menschenleben immanent ist – paart alle Organe und Teile der Körpers (*Sangidan*), bildet das ursächlich zusammenhangsvolle Denken (*Sanjidan*), zieht die Dinge zusammen (*Handjiden*) und dadurch entsteht die Kraft = *Niroo* = *Nairyo*, die alles in der Welt initiiert, gestaltet (formt = baut) und ordnet (*Aarastan* = *Aradhenitan*, die Verbform von „Artha") um das Leben gegen die Gewalt und Drohung zu schützen. Narsang ist die Sichtbarwerdung des Bahman oder *Axv* (*Axvman* = *Xuman*) im Feuertempel des Leibes und das immanente Prinzip der Verbindung, und dadurch ist Narsang die Quelle der Kraft (*Niroo*).

Durch die Verbindung aller = *hame* = *sam* Teile des Körpers oder auch der Gesellschaft, bildet das Narsang die Kraft und die Stärke = *Ama*: Es ist die *Assan Xrad*, die die Organe des Körpers und die vier Seelenkräfte miteinander verbindet (*Sang*), die Augen, die Ohren, die Hände, die Füße, die Nasenlöcher, die Lungen und das Herz und alle Organe die äußerlich betrachtet als eins erscheinen, die aber innerlich aus zwei Götterteilen zusammengesetzt sind.

Die *Niroo* oder die Kraft ist ihrem Wesen nach eine Schöpfung die aus der Verbindung resultiert, sie ist eine Schöpfung der

Verbindung (*Sang, Jugh, Mar,* die verbundene Zweiheit, die Vierheit oder die Sechsheit ...). Der Mensch ist kraftvoll weil alle seine Teile und Glieder miteinander verbunden sind. Ebenfalls das Wahre und die Wahrhaftigkeit entspringen aus der *Niroo*; eine Störung in den Verbindungen oder eine Unausgeglichenheit des Körpers oder der inneren Kräfte bildet den Grund von Unwahrheit, Lüge, Gewalt und aggressivem Denken.

Die *Assan Xrad* macht das Volk, die Stadt oder die Menschheit ‚kraftvoll' (*Ama-vand*), weil sie die innere Fähigkeit hat alles in der Welt, der Gesellschaft und in der Menschenwelt *in sich* zu paaren, zusammenzuziehen und zu harmonisieren (Maß-geben, Maß = sich zusammen bewegen um miteinander zu schöpfen, die Schöpfung und das Licht und die Bewegung sind nur die Folge der harmonischen Verbindung der Dinge). Das Wort *Niroo* bezeichnet diese gestaltende, formgebende, ordnende und initiierende Kraft der Grundvernunft (*Assan Xrad*), die den Wesenskern jedes Menschen bildet. Die Existenz der *Assan Xrad* in allen Menschen initiiert eine Tendenz zur Gesellschaftsbildung und zur Gründung von Staat und Ordnung um das Leben zu verschönern und zu ordnen. Der in diesem Zusammenhang wichtige Begriff: ‚*Arastan*' bedeutet Schönheit und Ordnung zusammen. Man begegnet hier dem großen Versuch sämtliche Lebensbereiche in die Kraft (*Niroo*) aufzulösen, die von der *Assan Xrad* ausgeht (d.h. in der Zusammenbindung an die schöpferische Vernunft). Die Eigenschaft Bahmans war aus diesem Grund auch das *Ama-vand* = des ‚Kraft-Besitzenden' oder des ‚Besitzers der Kraft'.

Goashurvan, die Kuh die den Gesamtsamen des All-Lebens darstellt, trägt zwei Hörner und über diesen Hörnern cresciert das *Ama*. Die zwei Hörner hießen, weil sie zusammen gehörten, *Sang*. Das *Ama* oder die Kraft ist das Hochwachsen aus der Verbindung = *Sang*. Im Bahram Yasht (in der Avesta) erfahren wir, dass Bahram im Zyklus seiner Verwandlungen auch zu einem Stier wird, über dessen Hörnern (Sang) das *Ama* erscheint. Bahram und Raam (oder Artha) sind immer zusammenzudenken, auch wenn nur einer von ihnen genannt wird. Daher nämlich verwandelt sich Bahram auch zu allererst zum Wind = *Vaye Beh* (Raam). Die Kraft = *Ama* = *Niroo* entsteht durch das *Sang*-Sein von Bahram und Raam (Artha).

Bahman ist nichts anderes als das Sichtbar-Werden im Nairyosang, das auch das *Sam-Bagh* = *Hambagh* ist, das im heutigen Persisch zu *Anbaaz* geworden ist und Partner, Genosse und Teilhaber bedeutet. Die Kraft (*Ama* oder *Niroo*) ist die Quelle der Bewegung, des Fortschritts, des Lichts, der Ordnung, der Formgebung und des Aufbaus.

Dem Soroush, der die *Goosch-Srood Xrad* und die Erscheinung Bahmans im Vorbewusstsein des Menschen verkörpert, ist der Kult des Umbindens der Zweige verschiedenartiger Bäume mit bunten Bändern gewidmet: die *Assan Xrad* zeigt in der Gestalt des Soroush, wie die *Xrad* in der Verbindung der Bestandteile alles zu einer Ganzheit (Bahman) macht. Bahman kann als *Assan Xrad* alle Teile und Glieder zusammenbinden. Diese Idee verwirklicht sich in der Entstehung und in der Gründung einer Stadt, eines Landes und eines Imperiums, in *einer* Welt und in der Gründung der dazu notwendigen Ordnung und Organisation. Die Gesellschaft und der Staat werden auf der schöpferischen Kraft der *Assan Xrad* des Menschen aufgebaut.

Bahman, die *Assan Xrad*
(Die verbindende Vernunft)
und der Zorn

Peter Sloterdijk beschreibt in seinem Buch über ‚Zorn und Zeit'
wie in der Geschichte des Abendlandes alles mit dem Zorn
begann, so leitet er sein Buch mit dieser Aussage ein: „Am
Anfang des ersten Satzes der europäischen Überlieferung im
Eingangsvers der Ilias, taucht das Wort ‚Zorn' auf, fatal und
feierlich wie ein Appell, der keinen Widerspruch duldet." Im
Iran fing alles mit der *Assan Xrad* (Vohuman = Hakhaman =
Human) an, die völlig frei von Zorn ist, weil ihre Natur dem
Assan Bagh, dem *Sang* = der schöpferischen Verbindung
entspringt, aus der die Freude, das Licht, die Bewegung-in-der-
Fröhlichkeit, die Erkenntnis und die Großmut zustande kom-
men. Der Zorn hingegen ist eine zerreißende und spaltende
Kraft. In der Weltanschauung mit der wir es hier zu tun haben,
ist der Zorn nur eine akzidentale Störung der schöpferischen
Urverbindungskraft = des Maßes, in deren Folge sich die
Fähigkeiten im Denken, in der Erkenntnis, der Liebesfähigkeit,
des Großmutes und der Freude aufheben. Die *Assan Xrad* ist
aber vermögend das Gleichgewicht wieder herzustellen und die
Störung zu mäßigen (und somit das Maß wiederherzustellen als
synergetische Beweglichkeit): Bahman oder die *Assan Xrad* ist
Pesch-rawischnih, der Urbeweger, der alles miteinander bewegt.

Der Begriff des Maßes trug in der iranischen Kultur die Bedeutung des Sich-zusammen-Bewegens, des In-sich-Mitbewegens
und des ‚Ursprung der Bewegung, des Lichts und der Freude'
Werdens. In dem Moment, in dem diese Sich-Mitbewegung
gestört ist, hört die Schöpfung von Kraft, Licht (Erkenntnis) und
Freude auf, und Leid, Lüge, Angst, Neid und Feindschaft treten
an deren Stelle. Es gab aus diesem Grund auch keinen zürnen-
den Gott oder einen Zorn-Gott, denn ein Gott kann nicht zürnen,

weil er sonst die Liebe, die Erkenntnis (Licht), die Großmut und das Denken in seinem eigenen Wesen vernichten würde.

Erst später mit Mithras ensteht im Iran ein neues Bild von Gott, das den Zorn (das Zerreißen = Trennen = Spalten, Sprengen) effektiv als Prinzip der Schöpfung annimmt. Durch das Zerreißen, das Durchtrennen, das Schneiden und das Zerschneiden, als Handlungen oder Taten, die die Wesenheit des Zornes umfassen, werden alle Erscheinungen als getrennte Dinge, Objekte und Individuen erschaffen und schließlich werden diese voneinander getrennten Erscheinungen erst durch das Bündnis oder den Vertrag miteinander verbunden.

Der Vertrag oder das Bündnis ist das Verbinden voneinenander abgetrennter und untereinander zerissener Individuen (Leben). In der Gottheit Mithras wird das Phänomen der Liebe (die Verbindung = *Assan*) zum Bund reduziert. Im Bild dieses Gottes wird der Zorn geheiligt und implizit als der Ursprung der Verbindung, die nur über das Bündnis oder den Vertrag zustande kommen kann, vorausgesetzt. In dem Kult wird zwar das Wort: ‚Mithra' gebraucht, das in seiner frühen Wortbedeutung die frei und aus sich selbst verbundenen und vereinigten Paare bezeichnete, aber es wird nur noch in umgeänderter Form auf die Erklärung der Dinge und auf das Verständnis der Welt angewandt. Das Wort ‚Mithra' und ‚Mithras', das in seiner Wurzel die Liebe oder die Urverbindungskraft zwischen zwei Elementen der Schöpfung bedeutete, wurde von seinem eigentlichen Sinn entleert und mutierte zur artifiziellen Hilfsverbindung zwischen den auf fundamentale Weise getrennten Individuen. Die Separierung der Individuen indes drückte den Wesensbestand des Zornes aus. Das Individuum wird im Zustand der Abgeschnittenheit, der Abgetrenntheit und der Entwurzelung (Herausgerissenheit) zum Ausgangpunkt von Unwissenheit, Grausamkeit und Hass.

Der Zorn (*Aeschma*), das Zerreißende

In der iranischen Mythologie tritt der Zorn in besonderer Weise in seinem zerreißenden oder schneidenden Sinn als das ‚Fällen des Baumes mit der Eisenaxt' zum ersten Male klar in Erscheinung. Zwei mythologisch zentrale Bilder die den Charakter des Zornes kennzeichnen, sind das der Axt und das der zerreißenden Zähne (das persische Wort *Tigh* = تيغ = Schärfe umfasst alle Werkzeuge oder Mittel die scharf und schneidend sind). Im Bundahischn entdeckt das zoroastrischen Urmenschenpaar (Maschya + Maschiyaane bzw. Mashya und Mashyana) das Eisen, aus dem sie ein *Tigh* (ein scharfes schneidendes Gerät) schmieden und mit dem sie dann einen Baum fällen. Darauf beginnen die beiden, sich gegenseitig zu schlagen, aneinander zu zerren, sich an den Haaren zu reißen und die Gesichter zu zerkratzen. Mit dem Fällen des Baumes mit ihrer Axt (*Tigh*) erscheint der Zorn.

Der Name Maschya bedeutet in den zoroastrischen Texten „sterblich" und Masch-yaane bedeutet „Ort oder Ursprung des Sterbens". Aber die Iraner nannten die beiden Gestalten ihrer alten Weltanschauung zufolge Mahre und Mahri-yaane. Mahre ist gleichbedeutend mit A-mara = Mara = A-mahar, das im Namen von Mahra-Spand dem Gott des 29. Tages steckt. Die Gottheit des 29. Tages verbindet die zwei Götter, die die Ursprünge der Welt darstellen, Bahram (30. Tag) und Raam (28. Tag) am Ende der Zeit, die am Wipfel (*Kaat*) des Zeitbaumes als Samen (Ähre) erscheinen, und aus denen gemeinsam der neue Zeitbaum erwächst. Die Gottheit des 29. Tages wurde auch Dahm oder Dahma genannt und ihre Pflanze ist der Lorbeerbaum, der auch *Dahm-ost* = „der Same vom Dahm" oder *Sang* genannt wird. *Sang*, Dahm, Mahra oder Manthra gelten allesamt als Initiierende.

A-Ghaaz, das heutige persische Wort für „Anfang" und „Beginn", trägt seinem ursprünglichen Wortsinn nach die Bedeutung: „verbundenes Paar". *Gaaz* bedeutet heute auch „Schere" und „Zange" (= *Sang*), weil beide Geräte sinnbildlich eine Verkörperung des Gedankens eines verbundenen Paares darstellen. Durch die Verbindung (*Mahra* = die Paarung = *Sang*) der 3 Götter am Wipfel des Zeitbaumes ist die neue Zeit und die neuen Schöpfung initiiert. Die Urmenschen wurden aus diesem Grund „Mahre" und „Mahre-yaana" (Ort der Verbindung und Paarung) genannt; ein Konzept das dem Zarathustras ein entgegengesetztes war.

Der „Baum" heißt *Vana,* im Huzvaresh: *Vun.* Diese beiden Worte teilen ihre Wurzel mit dem deutschen „Baum". Es lässt sich feststellen, dass *Van,* ein identisches Wort, „lieben", „schützen" und „beschützen" bedeutet: Das Leben (*Gy = Djy*) und die Pflanze (*Gya*) sind gleichwertig; den Baum zu fällen und seinen Stamm zu brechen, stellten eine Verletzung des Lebens dar. Die Antastung des Lebens war in dieser Kultur aber die höchste Form der Sünde.

Eine Axt mit der man einen Baum fällt und in Stücke teilt, heißt *Tur, Tor* bzw. *Tavar:* dieser Begriff bedeutet im nordiranischen Tabari-Dialekt 1. Fällaxt 2. verrückt, irre 3. ungehorsam, rebellierend und 4. ein ungezähmtes Tier. Die Wörter Turan und Turk sind auch aus diesem Begriff entstanden. Man hatte das zornige *Tur* später aber als tapfer und mutig umgedeutet. Das englische Wort „*tear*" läßt sich auf eine gleiche sprachliche Wurzel zurückführen und auch das deutsche Wort „zehren," das im Althochdeutschen gleichbedeutend ist mit „zerreißen" und „kämpfen". Das deutsche Wort Zorn = Toorn muss ebenso dieser Herkunft sein. Im ersten Fällen des Baumes, der in sich die Heiligkeit des All-Lebens verkörperte, sehen wir den ersten Ausdruck eines Akts des Zornes.

Das andere Bild, das den Zorn bestimmte, waren das Maul und
die scharfen zerreißenden Zähne der Raubtiere. Das heutige
persische Wort Khaschm = خشم („Zorn"), das verwandt ist mit
den älteren Wortformen *Heschm, Xishm, Eschm, Aeschma*, ist
auf diesen sinnbildlichen Ursprung zurückführbar. Im
Schahnameh und in den Pahlavi-Texten wird der Drache Azhi
Dahaka = „das Maul des Anti-Lebens" mit solchen Reißzähnen
dargestellt.

Bahman – das *Assan Bagh* oder die *Assan Xrad* – ist der Initiator der Bewegung, des Lichts (Erkenntnis), des Gesetzes (Ordnung, Staat) und der Freiheit

Der Ursprung oder die *Arke* der menschlichen Existenz ist die
Assan Xrad, die weder durch die Vergangenheit, die Geschichte
oder die Tradition bestimmt wird, noch durch den Befehl oder
den Zwang. Daraus entsteht aber kein Zustand indem willkür-
liches Recht oder ein willkürlicher Staat gedeihen könnten, denn
die *Assan Xrad* ist in jedem Menschen frei vom Zornwillen und
vom Gewaltstreben und sie ist ein in sich ordnendes Prinzip.

Die *Assan Xrad* ist, weil sie ein *Sang* (sinnbildlich ‚Stein') ist,
die Quelle von Licht, Erkenntnis und dem Gesetz. Wie wir im
Schahnameh erfahren, erkennt Huschang (Hao-Schyann), dass
Bahmans Eigenschaft, wie die seiner selbst, die des *Adhar Frooz*
ist. Das *Adhar Frooz* oder: „Feuerentzünder" zu sein, bedeutet
Initiator oder initiierend zu sein (die Gestalt des Huschang ist im
Schahnameh mit der des Bahman identisch, weil beide,
Huschang so wie Bahman, *Adhar Forouz* und Initiatioren des
Sadeh-Festes sind). Aus dem Entzünden des Feuers wird zum
ersten Male Licht. Bahman initiiert das Licht (Erkenntnis =
Daatha) und er ist damit *Para-dhaata* = *Pesch-daat*, das heißt
die „Quelle des Gesetzes" und der „Gerechtigkeit".

Vohuman ist als *Assan Bagh* die *Assan Xrad* oder *Pesch-Xrad* und der Staat wird auf der Grundlage dieser *Bahmani Xrat* errichtet (*Vohuman Xvataayih, Vohuman Patih*). Bahman oder die *Assan Xrad* des Menschen ist *Pesch-rawishn*: *Rawenitan*, die sich hiervon ableitende Verbform, heißt etwas „in Bewegung bringen".

Da die *Assan Xrad* alles ohne Anwendung von Gewalt, Drohung oder Niederdrückung verbinden oder in Verbindung setzen (*Sangidan, Aayojitan*) kann, vermag sie alle Konflikte, Gesetzlosigkeit, alle Zwiste und Streitigkeiten = *Ana-yuxtarih* zu schlichten und aufzuheben.

Das Sich-zusammen-Bewegen bestimmte den Begriff vom Maß und die *Assan Xrad* konnte das Maß durch die Harmonisierung der Bewegungen evozieren. Dieses ursprüngliche Bild von Bahman (*Assan-Bagh* und *Assan-Xrat, Minoi Xrat*) als Initiator der Bewegung, des Lichts, des Gesetzes und der Gerechtigkeit ließt sich aber mit dem Bild von Zarathustras Ahura Mazda nicht in Einklang bringen, weil darin hingegen der Gedanke des *Sang* = der verbundenen Zwillinge = Yima negiert wurde.

Die Ursprünglichkeit Bahmans als das *Assan Bagh* ließ sich nullifizieren indem man den Gott Ahura Mazda als den Schöpfer Bahmans ‚aus dem Licht und aus der Bewegung' (Bundahischn 1-14) erscheinen ließ. Bahman und seine *Assan Xrad* sind von diesem Moment an erschaffen und bestimmt durch das Licht von Zarathustras Gott Ahura Mazda.

Die Spontaneität und das Erleben der Weite als Freiheit

Das Bild Bahmans (der *Assan Xrad*, des *Schahr*-Erbauers) in der obengenannten Geschichte aus dem Schahnameh, als eine Festung oder eine Burg mit Mauer und einem verschlossenen Tor, verdeckt den eigentlichen Charakter Bahmans und der *Assan Xrad*. Bahman oder die *Assan Xrad* ist keine Machtquelle oder ein Machtzentrum das ausschließt, mißtraut und nach der Herrschaft über Anderes strebt. Mauer, Tor und Festung charakterisieren für uns eine Grenze.

Etwas ist klar und in seiner Umreißbarkeit erhellt, wenn es vom Anderen abgegrenzt werden kann und abgegrenzt ist. Der Begriff der „Grenze" und der Umgrenzbarkeit bestimmt das Wesen des Lichts und der Klarheit. Eine Grenze verläuft dort, wo eine Sache von der anderen getrennt ist und eine Spaltung vorherrscht, und letztendlich mündet dies in der Gegensätzlichkeit mit dem Anderen um die absolute Klarheit zu erreichen.

Die Gottheit Bahman und das Phänomen der *Assan Xrad* zeichnen sich aber durch ein anderes Konzept der „Grenze" aus. Sie beide und die sich auf ihnen begründende *Schahr* = Stadt + Staat sind auf eine hier unterscheidbare Weise „begrenzt", insofern ihre „Grenze" nicht in der Art definierbar oder klar bestimmbar wäre.

Der Ausdruck *Marz* im Persischen – der noch heute als Terminus für die „Grenze" gebraucht wird – trägt seine eigene entscheidende Besonderheit im Sinngehalt seiner Verbform *Marzidan* in sich, *Marzidan* bedeutet nämlich „sich binden" und „sich paaren".

An der Stelle, an der sich Bahman und die *Assan Xrad* mit den anderen Phänomenen „paaren" (*Joft shodan*), verläuft ihre

Grenze. Im Schahnameh werden wir häufig mit dem Umstand konfrontiert, dass die *Xrad* sich „*Joft dju hast*", das heißt sie sucht sich ihren Partner, den Bestandteil mit dem sie sich ‚paart'. Die *Xrad* kann alles mit dem sie sich verbindet, vereint oder paart, erkennen – sie erkennt all das, mit dem sie ein *Sang* wird (*Sangidan*).

Bahman und die *Assan Xrad* möchten die Welt und Gott nicht bewältigen oder über alles Herr werden und die Gesellschaft oder die Tiere und die Natur unterwerfen, sondern Bahman und die *Assan Xrad* wollen in der Verbindung mit der Welt, den Göttern und der Gesellschaft zusammen (als *Sang* = *Juzh* = *Mar* = *Dahm*) zur Quelle der Bewegung, des Lichts und der Freude werden.

Die Grenze ist kein Scheidendes oder Trennendes, sondern sie ist als verbindender und vereinender Kontakt und als Berührungslinie entstanden. Die Erkenntnis der *Assan Xrad* und Bahmans charakterisiert sich in dieser Relation, die zwischen Erscheinungen, Zeiten und Völkern differenziert, diese aber keineswegs voneinander scheiden will. Man kann in dieser Weltanschauung Dinge ohne die Trennung oder Spaltung erkennen und voneinander unterscheiden.

Die Gestalt Bahmans wird bildlich immer mit einem Haupt gescheitelten Haares und einem Hemd ohne Naht dargestellt. Beide Bildaspekte veranschaulichen das spezifische Konzept von Licht und Erkenntnis das er verkörperte. Das Hemd oder Kleid ohne Naht symbolisierte die Untrennbarkeit der Weltverbindungen (das Hemd oder das Tuch = die verwobene Verbindung von Kette und Schuss). Mit gescheiteltem Haar versinnbildlicht Bahman die Art und Weise des Unterscheidens und des Differenzierens als das Fundament von Erkenntnis. Beim Scheiteln teilt der Kamm die Haare in zwei Teile; man spaltet schließlich den Kopf und das Gehirn nicht auseinander. Man unterscheidet ohne Trennung. Das heißt man unterscheidet

in einer Weise, in der die Verbindung nicht ‚angetastet' wird.
Wahre Erkenntnis ist eine Erkenntnis, die die Zusammengehörigkeit der Welt, der Götter, der Zeit und der Menschen *in
ihren Unterschieden* fördert.

Um eine Sache differenzieren zu können „faltet" die Erkenntnis
diese Sache „in zwei Teile", gerade diese „Falte" aber bindet
auch die Unterschiede. Die Grenze (die Mauer, das Tor, die
Pforte, das Fenster, die Form, die Definition) wird als eine
„Falte" und eine „Scheitellinie" verstanden, nicht aber als
Spaltung und Trennung. Die Scheitellinie (*Tarok*) und die Falte
spielen die Rolle des „unsichtbaren Dritten (Elements)", das
zwei Teile miteinander verbindet ohne ihre Individualität
aufzuheben oder zu vernichten. Der Erkennende ist wie ein
Kamm, der die Haare auseinander scheitelt. Im Unterscheiden
ordnet und ziert (verschönert) er. Man hat auch das Weibliche
und das Männliche in dieser Denkweise verstanden.

Als *Nar-Sang* nimmt Bahman im Samen (*Tokhm = Tum =Tom*)
seine erste Gestalt an. Jeder Same ist ein *Sang* = Stein =
verbundener Zwilling, ein gefaltetes Tuch. Der Same wird aus
diesem Grund in der Avesta *Yushm, Yus ,Yuzhem, Yushnaaka*
genannt. *Yaoiti = Yaok = Yudj = Yaoget =Yaidj, Yaiti* all diese
Worte bedeuten „Verbindung". *Yuz* bedeutet „sich bewegen",
Yudj bedeutet „verbinden, sich verbinden", *Aa-yuz* bedeutet
„wallen" („sprudeln", „bewegt fließen").

Der Feuersame oder der Ursame, der im menschlichen Leib
(*Tan* = Feuerbehälter) seinen Platz nimmt und der *Axv = Ahv =
Xva = Hva* genannt wird, weil er das *Sang = Juzh* ist, besitzt
Spontaneität und eine innere Kraftfülle, die über sich hinaus will
und die Weite sucht. Die menschlichen geistigen Kräfte (‚die
vier Kräfte') die im *Axv* (im Lebensfeuer) verborgen sind (und
die Natur des Menschen bilden), sind einerseits spontan und
suchen andererseits die Weite um sich zu entwickeln und ihr
Sein zu vollziehen. Das Bild des *Sang = Yuzh = Axv = Ahv*

zeichnet sich durch Spontaneität (im heutigen Persisch wird die „Spontaneität" *Khod-Dhoosch* genannt, das sich in seiner wörtlichen Wurzel auf den Begriff *Yuzh* =*Yusch* zurückführen lässt) und die innere Kraftfülle aus, die sich im Suchen der Weite einen eigenen Ausdruck und die eigene Gestalt verleiht.

Die Spontaneität zeugt von der Ursprünglichkeit des Menschen und der Welt
Die Quelle, der die Bewegung, das Licht und die Freude entspringen, ist dem Menschen immanent

Der essentielle Begriff der Spontaneität (*Khod-Juschi, Juschesch*) im Persischen: *Jushidan*, knüpft an das Bild der Quelle oder auch des Brunnens, wo das Wasser aus der tiefen dunklen Erde (Stein = *Sang*) hervor durch Öffnungen und Hohlräume heraus ins Freie fließt. Die Spontaneität ist die unmittelbar aus der eigenen inneren Natur geborene, kochend, sprudelnde Bewegung, die Erkenntnis (Schau) und die Freude. Bewegung, Licht (Klarheit) und Freude sind dem Menschen immanent, weil sie aus dem inneren Feuersamen (*Artha* = *Axv* = *Ahv*) geboren sind und aus im gleichsam herausfließen.

Die *Assan Xrad* ist der Fluß oder die Geburt der Erkenntnis und des Denkens aus der eigenen dunklen Natur. Die *Xrad* ist in ihrer Natur suchend und experimentierend (*Assan* = *Sang*), indem sie die Welt in der direkten Erfahrung kennenlernt.

Beide Elemente Feuer (Licht) und Wasser, entspringen dem *Sang* (dem Verbindungsprinzip = *Juzh*= *Yusch* = *Jusch* = *Sang*).

Das Wort *Gao*, das die Kuh, den Stier, oder das Rind im allgemeinen bezeichnete, ist von dem Wort *Gi* abgeleitet, das mit den Morphemen *Dji* = *Zhi* identisch ist. Dieses Wort trägt sowohl die Bedeutung von „Leben", vom „Maß" als auch die des *Yuzh*. Die Welt = *Gaetha* (in Ableitung von *Gi*) heißt begrifflich „der Inbegriff des Lebenden", „Welt"; dieses Wort hat in unterschiedlichen Dialekten heute die Form *Gehan*, *Djihaan* bzw. *Gihaan* angenommen.

Als Verkörperung des *Assan Bagh* (Bahman) ist die *Assan Xrad* ein Stadterbauer und Staatengründer in jeder Person. Dies aber nicht mit einem wahrheitsbesitzenden Anspruch, und so ist sie auch keine entgültige und vollkommene Wahrheit auf der Stadt und Staat begründet werden. Zarathustras Gott Ahura Mazda ist hingegen die unendliche Lichtquelle (das Monopol des Lichts und der Erkenntnis) und der ausschließliche Besitzer von Wahrheit, und genau in dieser Funktion bildet er die Instanz, auf die Zarathustra später sein Ideal einer Stadt und des Staats errichten will.

Die *Assan Xrad* bewegt sich als *Xrad* aus der Dunkelheit zur Helligkeit, sie ist die Geburt aus dem Stein (dem *Sang*, dem *Tokhm* und dem „Mutterleib") oder anders ausgedrückt ist sie der Spürsinn, das Herumtasten, eine Erfahrung und ein Dialog = *Hampursih*, der als Ausdruck eines gemeinsamen Suchens zu verstehen ist. Erkenntnis ist ein Prozess in dem Gott und Mensch zusammen suchen und das suchende Denken wurzelt im Wundern, im Fragen, im Zweifeln, im Sich-Irren und im Pro-bieren. Die Erkenntnis wächst in ihrer Verbindung (*Sangidan*, *Yuzhidan*) des menschlichen *Tokhm* mit dem göttlichen Wasser (Essenz).

Zarathustra negiert aber gerade die Schöpfung (der Bewegung, des Lichts, der Freude) durch die verbundenen Paare *(= Yima = Sang = Yuzh = Mar*). In der Konsequenz davon verliert der Mensch – der ja eigentlich *Mar-Tokhm* heißt und eben „der Same des Paares" (*Mar, Amar, Mahra*) ist und in selbst sich ein zwillingshaftes Wesen trägt – seine inhärente Spontaneität und Ursprünglichkeit. Die Immanenz der Erkenntnis (Licht), der Freude (Glück) und der Bewegung wird im Menschen und in der Welt mit einem Hieb annulliert. Die Menschen können mit ihrer eigenen *Assan Xrad* somit weder eine Stadt noch einen Staat gründen.

In den zoroastrischen Texten werden Bahman, die *Assan Xrad* und *Nar-Sang* in der Weise umgestaltet, damit sie dem neuen Gott gerecht werden. In den textlichen Überlieferungen des Vendidad können wir erfahren, dass Ahura Mazda den Jamschid (der in der arthaischen Kultur den Urmenschen verkörperte) darin unterrichtet, mit welchem Arbeitsgang er Ziegel zum Bauen herstellen kann. Das Ziegelmachen symbolisierte den Hausbau als solchen, den Städtebau und die Staatengründung. Der Grundidee des „Yima": ein Wort, das das verbundene Zwillingssein ausdrückte, wurde damit widersprochen und folglich auch dem *Yuzh = Djoosh* = der Spontaneität und der Ursprungshaftigkeit. Gegenteilig zum Bericht des Vendidad wird im Schahnameh dem Jamschid die Initiative des Ziegelbaus aber der Kraft seiner eigenen *Xrad* zugesprochen.

Das Haus und der Brunnen

Der Ort zur Mitternacht, an dem die Gottheiten Bahram und Artha sich vereinigen (*Sang = Yuzh = Mar = Ayaar*) und an dem sie zur Quelle und zum Ursprung der Schöpfung werden, heißt im Bundahischn *Abad-Yaan*. Dieser Zeit-Ort ist die Wohnstätte und das Heim, in dem der Keim der Schöpfung zur Entstehung kommt. Der Wohnort: das *Yaan = Yaone = Yun*, an dem die Paarung und die Vereinigung des Wassers (*Ap + Paat = Abaad*) und das Gedeihen stattfinden, bestimmt das Bild des Hauses (des Heims). Sowohl das Wort *Xan* als auch die Wörter *Xanik* bzw. *Xani* haben ihre Wurzel in dem Begriff *Yaan*. Die Wörter „Brunnen" und „Haus" (*Xaanik, Xaan, Xaane*) sind im Persischen ein und derselbe Begriff der verschiedentliche Bezugspunkte wählt.

Die ursprüngliche Form des Wortstammes mit dem wir es hier zu tun haben, das Wort *Yaona =Yaan = Yun* ist mit dem Wort *Yoni* im Sanskrit verwandt. *Yaona* bedeutet in der Avesta 1. Verbindung, 2. Wohnung, 3. Luft-Raum, 4. Kraft; in seiner Adjektivform bedeutet es „abwehrend". Das Wort *Yoni* im Sanskrit bedeutet 1. Mutterleib, 2. Fruchtblase, 3. Uterus, 4. Geburtsort, 5. Ursprung, 6. Wurzel, 7. Quelle, 8. Heimat.

Da der „Mutterleib" wörtlich auch „Wasser-Behälter" = آبگاه (*Aabgah*) und auch „Feuerbehälter" und „Ofen" genannt wird, finden wir im sistansichen Dialekt die Bezeichnung *Sang-ak* für ihn. Der Begriff „Ort" = جا یا جای (*Djaay = Djaa*) im Persischen, dem im Pahlavi der Begriff *Gi-yaak* entspricht, bedeutet inhaltsgemäß „Lebensmutter" (*Gi* = Leben, *Yaak* = Mutter). Und das Wort *Aab* oder *Aap* heißt im Huzvarish *M-a-yaa*, das ebenso „Mutter" bedeutet.

Abaad Yaan ist das Heim der Vereinigung mit dem Lebenswasser, der Vereinigungsort, der Ort der Paarung, des Florierens und des Gedeihens. Der Begriff „Ort" = *Giyaak* als Lebensquelle, als Lebensbrunnen und Lebens-Ursprung, spielte in der iranischen Weltbetrachtung eine große Rolle, so können wir im Bundahischn sehen, dass Ahura Mazda ‚die unendliche Zeit **in (als Ort)** *Roschani* = Helligkeit' ist, und dass das Licht (die Helligkeit) sein Wohnort = *Giyaak* ist. Klarer könnte man sagen, dass *Giyaak* der Geburtsort Ahura Mazdas wäre, was dem Konzept Zarathustras jedoch widerspricht.

Die iranische Denkweise hat allem einen „Ort" = *Giyaak* zugewiesen, um etwas als ein „Seiendes" anzunehmen. Etwas „ist" wenn es fortwährend entsteht, oder anders ausgedrückt, wenn seine Quelle oder sein Brunnen es unaufhörlich fortgebiert. Gründend auf solch einem Sinnfundament wurde *die Göttin* überhaupt auch „*Humaye Xani"* genannt: *Hu-Maya* (die „gute Mutter") war die Hausgöttin, die Mutterleibsgöttin (Geburtsgöttin) und die Quellen- und Brunnengöttin.

In jedem Haus gab es einen eigens geborten *Tschaah* (Brunnen), aus dem man sich das Wasser holen konnte. Die Wasserquelle oder der Brunnen als Wassergewinnungsort wurde *Xaanik*, *Bun-Xaan* und *Zahaabag* genannt.

Die Geburt durch den Mutterleib wurde als das Entspringen des Wassers aus der Quelle begriffen, denn das Wasser der Quelle oder des Brunnens ist strömend, überfließend und hervorbringend (*zahidan*) im eigentlichen Sinne.

Das deutsche Wort „Brunnen" und auch das Wort „Born" sind von der Bedeutung des Brennens und des Siedens in ihrer sprachlichen Wurzel mitbestimmt, und sie werden auf die indogermanische Wurzel „bher" und damit genauer auch auf „barme" zurückgeführt (J. Pokorny). Das Wort „Barme" entspricht dem *Brm*, das wie *Yuzh*, Yima und *Sang* ebenso für die urverbundenen Zwillinge stand. Im Schahnameh wird die Erdkuh (= *Gaitha* = das heutige *Giti* im Persischen) Brmayun (*Brm* + *Yaona*) genannt. Dieses Wort hat sich im Persischen auch zum Wort *Garm* (dt. „warm") umgewandelt und ist in entfernt paralleler Weise im Englischen und Deutschen zu „warm" und „Wärme" geworden.

Der Feuersame ist selbst der „Ursprung der Wärme". In der arthaischen Weltbetrachtung bedeutet das Wort „Feuer" keineswegs das ‚ver-brennende' Feuer, sondern in erster Linie wies das Wort auf die „Wärme" = *Brm* = Barme hin. Man sprach daher auch vom Urfeuer des pflanzlichen-, dem Urfeuer des tierischen- und dem Urfeuer des menschlichen Lebens. Weil das Leben „*Gao* = *Gi* = *Dji*" sowohl Leben als auch *Yuzh* gleichzeitig ist, ergibt sich der Zustand des *Djoosch* (des Siedens, Aufwallens, Übergehens, Springens, Verbindens, Vereinens).

Das Leben „*mi-djooschad*" von selbst, das heißt es entspringt-, quillt-, wächst und sprießt von selbst hervor. Die Spontaneität

und die verbindende Kraft ist dem Leben bereits immanent. Und
diese Spontaneität des Quellenhaften ist ein Geburtsprozeß. Die
„Immanenz" wird daher als: *Zahesch* (geboren-werdend, als
sich-gebärend, als gebärend) oder *Djahesch* (springen, sprin-
gend) bezeichnet.

Das Leben (*Zhi* = *Gi* = *Gao*) ist ein warmer Springbrunnen; und
insbesondere das Wasser, das aus den tiefen Kanalketten (den
sog. *Ghanat* oder *Kariz*) herausströmt, wird *Djooschan* genannt.
Das System der tiefen Verkettungen von Kanälen nannte man
als die „Ursprünge" des Wasser auch *Farhang* = Kultur. Kultur
hatte etwas mit den Gewässern zu tun, die aus diesen dunklen
tiefen Kanälen (dem *Kana-l* = *Ghna-t*, das junge Frau und Flöte
= *Kana, Ghna* bedeutet) geboren werden und hervorspringen.

Bahman war in der Gestalt der *Assan Xrad* und des *Nar-Sang*
ein Gott des Lebens, ein Förderer des Lebens und ein Beschüt-
zer gegen jede Form der Macht, die das Leben in der Welt (dem
Diesseits) verleumdet. Und die *Assan Xrad* war kein bloßes
Reagens, sondern in der Spontaneität und Ursprünglichkeit war
sie das Prinzip der Initiative. Diese Spontaneität (*Djoosch*) hatte
eigene untrennbare Eigenschaften. Das Leben (*Zhi* = *Dji*) hat in
seiner Natur die immanente Kraft die Menschen auf friedliche
Weise zu befreunden und zu verbinden.

Die spontane Bewegung, Erkenntnis (Licht) und Freude (*Khod-
Juschi*) sind etwas ursprüngliches und fundamentales (*Xaanik*).
Die Spontaneität ist das Erleben, die eigene Quelle-, der eigene
Ursprung der Initiative zu sein, und sie zieht mit sich die tiefe
Freude. Hier baut sich Moral nicht auf die Belohnung und
Pflege des Egoismus und sieht in den eigenen Taten auch nicht
eine altruistische Handlung (d.h. ein Sich-Opfern und damit das
Leiden des Sich-Opferns tragen), sondern das Erleben des
Herausgießens und Ausfließens der eigenen Natur als eine Über-
fülle der eigenen ‚Quelle' ist hier der entscheidende Punkt.

Auch wird jegliche Tat, Erkenntnis und Freude, die in Verbindung mit anderen und anderem (*Sang*) zustande kommt, nicht als eine Abhängigkeit empfunden, sondern die Verbindung bedeutet Bewegung (Tat) und Licht (Erkenntnis) durch Freude zu schaffen. Man dient nicht den Anderen und auch nicht Gott, sondern das Leben (*Ji*) ist das „Mitleben" (*Ji* bedeutet ebenso *Juzh* und *Sang*).

Die Götter kreieren wie die Menschen Licht, Erkenntnis und Freude in Partnerschaft (*Sam-Bagh* = *Nar-Sang*). Selbst die zoroastrische Theologie lässt im Bundahischn, auf der Basis dieser grundlegenden kulturellen Vorstellung, Ahura Mazda die Welt durch den gemeinsamen Gesang mit weiteren sechs Amschaspand oder Amesha-Spandan erschaffen. Die zoroastrische Theologie kann sich, trotz ihrer Annahme des Ahura Mazda als einen einzelnen Schöpfer, nicht der Idee des Mitschöpfertums: dem „*Sam-Bagh*" und „*Narsang*" entziehen.

Der iranische Philosoph Manuchehr Jamali über Firdausis
Shahnameh-Epos und dessen zeitgenössische Relevanz

Eine freie Übertragung eines gekürzten Auszugs aus:
Manuchehr Jamali, *Kharad-e Sarpich dar Farhang-e Iran* (خرد
ایران فرهنگ در سرپیچ), London 2003.

‚Rostam und Sohrab'
Die Idee vom „Maß" als gestaltende Kraft in
der altiranischen Weltanschauung

Die altiranische Kultur [1] war auf dem Grundgedanken
aufgebaut, dass zwei Kräfte oder Prinzipien durch ein Prinzip
der Mitte (*Maidh-yanna*) in Gärung gebracht werden, d.h. in
eine Synergie miteinander versetzt werden, und eine Wandlung
zu einer schöpferischen Einheit vollziehen. Das Prinzip der Mitte selbst löst sich in dem Prozess der Verbindung auf, und die
Zweiheit wandelt sich zu einer Einheit. Die Mitte selbst bleibt
unsichtbar und ungreifbar.

Dieses Prinzip fand seine Verkörperung in der altiranischen
Gottheit Vohuman, die später auch Bahman (Brahman) genannt
wurde. Die Gottheit Vohuman band alles, aber blieb selbst als
Vermittler nicht zwischen dem Verbundenen. Diese Art einer
Trinität bildete das Fundament aller weiteren Erscheinungen und
drückte sich in Phänomenen wie Liebe, Maß, der Freude, der
Musik und dem Tanz beispielsweise aus. Das Prinzip dieser unsichtbaren Mitte war in sich abstrakt: Es war zum Beispiel die
Mitte des einzelnen Menschen und gleichzeitig die Mitte zwischen verschiedenen Menschen, oder die Mitte zwischen den
sehenden Augen und den geschauten Objekten; es verband
Unterschiedliches ohne dabei selbst sichtbar oder greifbar zu
sein.

Das verbindende Erscheinungs-Konzept der altiranischen Gottheit Vohuman oder Bahman wurde später durch die Lehren Zarathustras seiner Ursprünglichkeit beraubt. Man findet Ausdrücke dieser Form der Weltanschauung aber dennoch, spurenhaft und doch eindeutig, beispielsweise in verschiedenen Mythen des Schahnameh und anderen überlieferten Texten, und kann Inhalte somit wieder rekonstruieren. Die altiranische Kultur, deren Wurzeln zeitlich vor Zarathustra lagen, schuf geistige Konzeptionen und Bilder, die sich in ihren Bedeutungszusammenhängen klar von den Inhalten der Lehren des Zoroastrismus unterscheiden lassen.

In den Lehren Zarathustras war das Konzept der Dualität durch das Bild der Zwillinge *Yimea* gekennzeichnet, die Gegensätzlichkeiten symbolisieren und sich in einer Trennung und Opposition zueinander befinden. Der Grundgedanke der Zweiheit (d.h. zweier Prinzipien oder Kräfte) war in der altiranischen Kultur vor Zarathustra hingegen durch das unsichtbare dritte Element des Vohuman oder Bahman verbunden, und diese Form der Trinität, die aus dieser speziellen Form der Gebundenheit erwuchs, formte ein spezifisches Verständnis der „Einheit". Das Prinzip der unsichtbaren und ungreifbaren Mitte, die eine Trinität aus sich erzeugte, die klarerweise nicht gleichzusetzen ist mit dem christlichen Begriff der Trinität, sondern eine eigene Trinitätsform in sich darstellt, wurde aber bislang von fast allen Iranisten und Orientalisten ignoriert und die altiranische Weltanschauung damit fälschlicherweise als dualistisch eingestuft.

Liebe und Harmonie, die sich im „Maß" ausdrückt (pers. *Andazeh*, das wörtlich „zusammen laufen" oder „-rennen" bedeutet und den Ausgangszustand eines *Jugh*, einer Gebundenheitsform, repräsentierte) und „die gemeinsame Suche und das gemeinsame Denken" (pers. *Hamporsi*) wandelten die Zweiheit zur Einheit. Zarathustra versuchte dieses Grundkonzept altiranischer Kultur durch seine Ideen zu ersetzen. Damit vernichtete er aber einen Gedanken der Liebe, des Maßes und des Dialogs (*Hamporsi*) als den Ursprung der Welt und der Gottesvorstellung. Die bindenden Prinzipien (Liebe, Erkenntnis, usw.) als Ausdruck der verbindenden Mitte, sah man als Keim jedes individuellen Menschen. Liebe, Maß, Erkenntnis, Freude und die Beweglichkeit betrachtete man als ursächliche Eigenschaften, die in den Menschen immanent waren.

Wir möchten hier versuchen die ursprüngliche Gedankenwelt der iranischen Kultur – wie sie vor Zarathustra begonnen hatte und nach ihm im Volksglauben weiter bestand, und die als Rudimente im Schahnameh-Epos und anderen textlichen Quellen enthalten ist – wieder zu erhellen und die Tiefe und Humanität dieser Kultur wieder zu beleben und anschaulich zu machen. Es ist eine Gedankenwelt, die einen Beitrag zum Reichtum des Verständnisses über Kultur im heutigen globalen Kontext leisten kann – trotz ihrer jahrtausend alten Entstehungsherkunft.

Zu einer der bedeutendsten Geschichten des Schahnameh-Epos, der uns durch Firdausi überliefert ist, gehört die Geschichte über ‚Rostam und Sohrab'. Wir werden hier einen Aspekt betrachten, in dem ‚Rostam und Sohrab' zum Verständnis über die altiranische Kultur beitragen kann. Der Mythos ‚Rostam und Sohrab' wurde oft falsch verstanden, weil er seit der sassanidischen Zeit eine bestimmte Färbung erhalten hat, die den Sichtweisen dieser Epoche entsprachen.

In der sassanidischen Zeit existierte ein Gott der Zeit namens Zamane (auch Zrvan). Attribut dieses damals wichtigen Gottes war es, dass er keinerlei Vernunft besaß, und dass er ohne Vernunft über die Schicksale der Menschen entschied. Der Zeitbegriff war in der Epoche durch diesen unberechenbaren Gott geprägt, aber darauf werden wir später noch einmal zurückkommen.

Bei den Interpretationen der Geschichte über ‚Rostam und Sohrab' hatte man seit der sassanidischen Zeit Probleme mit der Gewichtung der Auffassung über das „Maß" als ein im Denken und Handeln selbstbestimmtes Gutes und Böses, so wie dieser Gedanke in dem Mythos ursprünglich vorkam. Das „Maß" (*Andazeh*) in seiner älteren Bedeutung, die wir hier erläutern möchten, zeigte implizit die Ursprünglichkeit der Menschen und die Immanenz der Werte im Menschen an.

Der Begriff des „Maßes" oder des „Maßhaltens" als Primärpunkt der Geschichte wurde bei den Interpretationen der Geschichte immer wieder übersehen, obgleich exakt dieser Punkt den Kernpunkt in den alten überlieferten Textquellen bildete, wie Firdausi selbst sie seiner Zeit vorgefunden hatte. Eine Handlungsmoral im selbstbestimmten „Maße" dessen was gut und was böse ist zu sehen, war in der sassanidischen Zeit schwer nachvollziehbar, weil die zoroastrische Glaubenslehre das Gute und das Böse ausschließlich zu den Entscheidungs- und Richtgegenständen des Gottes Ahura Mazda (Ormuzd) gezählt hatte.

Die ursprüngliche Bedeutung vom „Maß" in der altiranischen Kultur war Harmonie; keine prästabilisierte Harmonie, sondern eine Harmonie die man erzeugt oder aus sich selber entwickelt und erschafft. Dieser Gedanke des „Maßes" als Harmonie ist im wesentlichen ein Anti-Macht-Begriff, denn Harmonie basiert in dem ursprünglichen Sinne auf der Akzeptanz von Pluralität und Vielheit. „Maß" heißt auf Persisch *Andazeh* [2] – ursprünglich *Ham-Taacayati* – das ‚miteinander rennen oder -laufen' bedeutet. Dieses Laufen und Rennen bezog sich auf die „Schöpfungskarre", die zwei Pferde oder Ochsen zogen, das Sinnbild der Entstehung der Welt: das *Gardune*. Das „Maß" bildete die Idee der V o l l k o m m e n h e i t als Harmonie zwischen Kräften und Tugenden. Das Vollkommene war hier aber kein unbegrenztes oder unendliches Gutes, kein unendliches Wissen oder eine unbegrenzte Macht. Das „Maß" wie es in dieser

Weltanschauung verstanden wurde, stellt damit einen Gegenbegriff zum abrahamitischen Verständnis von Vollkommenheit dar, weil darin Macht und Wissen beispielsweise in einer unbegrenzten Form beinhaltet sind und die Vollkommenheit einer Ausschließlichkeitsform oder Absolutheit entspricht.

Der Vollkommenheit eines „Maßes" hingegen, das ein In-sich-Harmonisierendes von Verschiedenem darstellt, eignet ein fortwährender Prozess der Koordinierung zwischen Kräften die relativ und flexibel sind.

Ein Vollkommenheitsbegriff der eine Absolutheit hervorbringt, im Sinne einer Gleichsetzung von absoluter Macht mit Vollkommenheit, steht im Widerspruch zu einem Vollkommenheitsbegriff der sich aus dem „Maß" ergibt. So bringt ein sich im ‚sich-miteinander-koordinieren-Befindendes' keine Vollkommenheit des Lichtes oder des Wissens hervor, das sich mit einer Absolutheit von Macht gleichsetzen lässt. Beispielsweise sind Wundergeschichten ein Ausdruck einer Vollkommenheit im Sinne einer Absolutheit. Wo ein „Maß" besteht, können keine Wunder solch einer Art der Vollkommenheit entstehen.

Mit dem Begriff einer absoluten (statt einer relativen) Vollkommenheit geht auch die Heiligkeit einer absoluten Macht einher, und diesem Heiligkeitsgedanken folgt, dass eine unendliche Macht als etwas positives und als erhaben angesehen wird, und das was man an einem Gott schätzt, wird man auch innerhalb einer Gesellschaft oder einer Politik als gut erachten; die Bilder spiegeln sich dort.

Rostams Kampf mit Sohrab

Als Rostam beim ersten Kampf mit Sohrab von diesem besiegt wird, bittet er Gott um Hilfe. Und zwar bittet er Gott darum, ihm die unendliche Kraft, die er einst besaß, wieder zu verleihen.

Eine Kraft die er einmal besessen hatte, die er aber einstmals
auch wieder aufgab, weil ihn das Übermaß seiner Kraft an der
freien Bewegung hinderte (aus einem Übermaß an Kraft blieb
Rostam mit seinen Füßen in Fels und Stein stecken, auf diesen
Punkt kommen wir aber weiter unten noch einmal zurück). Er
bittet Gott erneut um ein unendliches Maß an Kraft, weil er
nochmals gegen Sohrab antreten und ihn diesmal besiegen will.
Zu siegen erhält in dem Augenblick seiner Niederlage einen hö-
heren Wert als das „Maß" seiner Kraft, um das er Gott einstmals
gebeten hatte.

In dem Augenblick aber, in dem er die unendliche Kraft wieder
erhält, mit der er über seinen vermeintliche Feind siegen will,
verliert er gleichzeitig die Fähigkeit zu lieben und er verliert die
Fähigkeit zu erkennen, wird in dem Sinne blind. Die Unendlich-
keit in der Kraft oder in der Macht über die er nun verfügt, führt
zum völligen Verlust seiner Erkenntnisfähigkeit. Er fühlt keine
Liebe, ist von Unkenntnis geschlagen und verliert den Anschau-
ungssinn. Rostam erkennt seinen Sohn Sohrab nicht, der ihm als
Feind gegenübersteht, und er tötet ihn.

Der tiefere Sinn dieses Mythos über Rostam und seinen Sohn
Sohrab ist, dass Menschen nur dann fähig sind zu lieben, zu
erkennen und großzügig zu sein, wenn sie über ein „Maß" und
Harmonie verfügen. Die Fähigkeit eines Menschen dazu, selber
Entscheidungen über Gut und Böse in sich auszuwägen, bildet
den wichtigen Gegenstand hier. Der Sieg ist kein Sieg wenn das
Urprinzip des Lebens und der Schöpfung: das „Maß", verletzt
wird. Die Unkenntnis über den Bedeutungsgehalt des Begriffes
des Maßes (*Andazeh*) bildet den Grund dafür, dass viele
Interpretationen über die Geschichte eine reduzierte Aussage
hervorgebracht haben.

Häufig wurde die Geschichte so verstanden, dass wenn der alte
Rostam den jungen Sohrab tötet, dies bedeutet, dass das Alte, als
eine Metapher für die älteren, geschichtlich zurückliegenden

kulturellen Grundlagen, das Junge vernichten und mit List
übertölpeln will, und dass die Tradition das Neue zu ersticken
sucht. Diese Interpretationsweise lässt allerdings nur auf eine
mangelnde Kenntnis bei vielen iranischen Modernisten schlies-
sen, die bedauerlicherweise meist nicht mehr als eine Gering-
schätzung des Schahnameh-Epos mit sich zieht.

Im gängigen Glauben der sassanidischen Zeit, liebt und hasst
Zamane, der Gott der Zeit, ohne Vernunft, und er entscheidet
ohne Vernunft über die Schicksale der Menschen, was bedeutete: alle Geschehnisse der Welt und das individuelle Leben
basieren allesamt auf einer Quelle der Unvernunft. Und es ist in
Realität so, dass ein Mensch keinen mit der Vernunft oder dem
Willen fassbaren Sinn in der eigenen Bedeutung und den äußeren Geschehnissen finden kann, das heißt Menschen finden
keine logische Verbindung zwischen ihren Handlungen, an sich
selbst erfahrenem Unrecht (vermeintliche ‚Vergeltungen‘) und
ihren erfahrenen ‚Belohnungen‘. Diese Unfähigkeit oder eher
Ohnmacht der Gesellschaft spiegelte sich in dem Bild dieses
Gottes.

Das Maß, *Andaze*, sah man in der alten sprachlichen Bedeutung als Ursprung der Schöpfung.
Das *Andazeh* (wortwörtlich ≈ „miteinander
laufen") ist die Quelle des *Jugh*, dessen Sinnbild
das *Gardune*, der Pflug den zwei Tiere zusammen
bewegen, ist.

Der Begriff des „Maßes" hat im Altpersischen mit dem Ur-
sprung und dem grundlegenden Wesen der Welt zu tun. Die
Frage ist also, warum man im Zusammenhang mit der
Geschichte von ‚Rostam und Sohrab‘ die einstmals wichtige
Bedeutung vom „Maß" vergessen hatte. Die direkte Antwort
darauf wäre: weil der Ursprungsbegriff vom „Maß" der zoroas-

tischen Lehre widersprach und das ursprüngliche Konzept des „Maßes" durch die Lehren Zarathustras verdrängt wurde.

Das Grundkonzept von Zarathustra basierte auf der Zwillingschaft *Yimea* bzw. *Yema* (pers. *Jam* = Zwilling) und der zoroastrische Begriff des „Maßes" hatte mit diesem Konzept der Zwillingschaft, *Yimea,* zu tun. Für das Konzept des *Jugh,* als übergeordneten Begriff für eine Gebundenheit, gab es unterschiedliche Gedankenbilder. Der Begriff „Zwilling" bildete einen gleichwertigen Terminus für *Jugh,* und *Yimea* und *Yema* war eine von mehreren dieser verschiedenen Bezeichnungen einer Grundidee.

In der älteren iranischen Bilder- oder Symbolsprache war das „Maß" (*Andazeh*) bestimmt durch zwei verschiedenartige Kräfte oder Prinzipien die sich koordinieren, sich gemeinsam fortbewegen oder etwas erschaffen: so hatte man sich ursprünglich die Welt vorgestellt als geschaffen von zwei Ochsen oder Pferden, die einen Pflug ziehen (die avestische Bezeichnung dieses Gespanns an sich heißt: *Aghrae-Ratha* = „das Urerste" und *Gardune*). Die Versinnbildlichung der schöpferischen Verbindung wurde als das *Jugh* bezeichnet. Zarathustra verneinte die Existenz einer Zweiheit als etwas miteinander Korrelierendes, dessen Schritt und Tempo sich in Harmonie zueinander befindet, wie hier im Bilde des (*Ratha* =) *Gardune*. Die Harmonie von Verschiedenheit bildete aber auch die Grundlage des „Maßes" und der Liebe innerhalb der Menschen. Zarathustras Bild der Zwillinge, *Yimea,* und auch seine neuen Betrachtungen über das ursprünglich als verbindend gedachte *Jugh,* stellten eine konträre Zweiheit dar, die sich in Gegensätzlichkeit zueinander befindet; damit entfielen das „Maß" und die Harmonie als Ursprünge der Schöpfung und als Eigenschaften im Menschen.

Zur Darstellung des Begriffes des *Jugh* (*Dji* = *Zhi*) existierten zeitgleich und zeitübergreifend verschiedene bildliche Vorstel-

lungen. Der wichtige Punkt bei dem Zwillingskonzept von
Zarathustra war, dass sich dieser Zwilling durch eine
Gegensätzlichkeit kennzeichnete, und zwar wurden dabei die
Urbegriffe des Lebens (*Zhi*) und des Anti-Lebens (*A-zhi*) in dem
Zwilling als sich in einem quasi antinomen Verhältnis zueinan-
der befindend polarisiert. Die Zwillinge waren gegensätzlich
und sie waren auch gegeneinander. Das Bild das Zarathustra mit
den *Yimea* entwarf, bestimmte seine Sicht auf das Urwesen des
Kosmos und auf das Gesamtgeschehen in der Welt. Das
Konzept des *Yema* oder *Yimea* war kein Konzept, das allein ein
ästhetisches Gedanken- oder Vorstellungsgebilde war, wie
manche Übersetzer und Interpreten der Gatha es vielleicht
darzustellen suchten. Zarathustra wollte mit seinem Konzept des
Yimea das Fundament der Trinität im Sinne zweier Kräfte, die
durch ein unsichtbares Drittes gebunden werden, im iranischen
Weltverständnis auslöschen. Ausgangpunkt des Lebens (*Zhi* =
Jugh = „Maß") waren bei Zarathustra Kampf, Zwist,
Feindschaft und Krieg.

Der Gedanke des „Maßes", der ursprünglich in der altiranischen
Kultur durch das Sinnbild eines harmonisierenden Paares verkörpert wurde, wie im Bild der Erschaffung der Welt durch das
Ochsenpaar oder ein Pferdegespann das einen Pflug zieht, stand
nun seit Zarathustra unter einem neuen Konzept der „Zweiheit",
und das „Maß" als eine ursprüngliche Raison und Kraft der
Schöpfung, ging durch das neue Bild einer polarisierten Zweiheit verloren. Das „Maß" spiegelte sich von nun an in der
Kontrarität der Zwillinge.

Der Schöpfer, der alles Erschuf, war bei den Zoroastriern der
Gott Ahura Mazda, der durch seinen Willen alles Seiende und
Nicht-Seiende schuf, und auch das „Maß" wurde so zum Gegenstand des Willens, der hier einen vollständigen Parameter
bildete. Im Bild des harmonisierenden Paares, in dem sich der
Schöpfungsakt ausdrückte, war das Sich-„Bemessen" etwas, das
sich miteinander abstimmte, während im Bilde der Schöpfung

mittels des absoluten Willens, das Maß zu einem fixierten äußeren Maßstab mutierte. In diesem perspektivischen Unterschied
muss man die Ursache für die fehlverstandene Deutung des
Hauptaspekts der Geschichte von ‚Rostam und Sohrab' suchen:
Das innere „Maß" wird in seiner Bedeutung annihiliert.

Im Bild des Pfluges, der durch ein Tierpaar gezogen wird, sieht
man eine verbindende Einheit (den Pflug) die weiteres miteinander verbindet. Das Weltall – das der Mythologie zufolge von
dem Tiergespann erschaffen wurde – wurde in diesem Ur-
sprungsbild gesehen als „Eins" in dem alles miteinander verbunden ist. Die Zweiheit (das Tierpaar in dem Falle) stand für
den Anfang aller Mannigfaltigkeit und aller Pluralität, die in
jedem weiteren Sinne aus der Zweiheit entstehen konnte.

Vor Zarathustra war auch die Zeit in der altiranischen Kultur
etwas Miteinander- oder Ineinander-Verbundenes und ein Mit-
einander- oder Ineinander-Geschlossenes. So gab es im bildlich
greifbar werdenden Ursprungsvokabular der altiranischen Kultur
das Bild des die Zeit verkörpernden Baumes, der dreißig Äste
hatte und in dessen Krone ein Same entstand den man als
Verkörperung eines Paares (im allgemeinen Sinne) betrachtete
und aus dem neues Leben erwuchs. Das Paar war durch Liebe,
die etwas Unsichtbares ist, verbunden; also durch eine ‚unsichtbare Mitte'. Der Faktor eines unsichtbaren verbindenden
Elements (wie beispielsweise die Liebe), das im Bezug zu einer
Zweiheit steht, spielte eine wichtige Rolle, bei der man auch
davon ausgehen kann, dass diese so entstehende „Dreiheit", die
sich im Zusammenhang mit der Zweiheit und der unsichtbaren
Mitte bildet, mit den späteren christlichen Vorstellungen über
Trinität verbunden ist.

Jeder Tag war verkörpert durch einen Ast des Zeit-Baumes, der
die dreißig Äste besaß, und alle diese Äste hängen logischerweise zusammen. Dieser Baum trägt die Samen, aus denen ein
neuer Baum erwächst, der selbst wieder dreißig Äste hat. Die

Zeit wird so in den Ursprungsbegriffen oder -bildern als Wach-
sendes und nicht als Verlierendes geschildert. Bei Zarathustra
dann betrachtete man die Zeit als abgeschnitten oder als etwas
Abgeschnittenes: Tag und Nacht bildeten Gegensätze und die
Zeit wurde zu etwas Vergänglichem. Zuvor hatte man die
„Kherad" (= *Xrad*), die etwa mit dem Wort „Vernunft" übersetzt
werden kann, als das die Zeit verbindende Element gesehen. Im
Schahnameh-Epos stellt man fest, dass in der sassanidischen
Zeit nun der König generell die Verkörperung von Zeit ist, und
dass die Zeit wiederum versinnbildlicht wird durch den Gott
Zamane, der zusammenhangslos agiert und vernuftlos entschei-
det. So müssen die Befehle des Königs, gleich ob sie gerecht
sind oder ungerecht, ausgeführt werden, die von ihm getroffenen
Entscheidungen müssen in jedem Falle akzeptiert werden. Diese
Konzeption von Herrschaft widersprach aber den Idealen der
altiranischen Kultur, deren Vorstellung es war, dass ein Staat auf
der *Kherad* (≈ Vernunft) basieren müsse.

Weitergehend sieht man im Schahnameh-Epos im konkreten,
dass Anuschirwan (Chosrau I.), der machtvollste König der
sassanidischen Zeit, sich als Verkörperung der *Zaman*, also der
Zeit, empfand und darstellte. Dieser König Anuschirwan wird in
dem Epos als Zeitgott geschildert, und dessen Großvisier,
Bozorgmehr, als die Verkörperung der *Kherad* (≈ Vernunft).
Bei dieser Gegenüberstellung der Verkörperungen von Vernunft
und Zeitgott wird erkennbar, dass die Vernunft als Basis der
Staatlichkeit in der sassanidischen Zeit bereits verloren gegan-
gen war.

Gemäß der altiranischen politischen Kultur hatte das Volk das
Recht sich dem König oder dem Staat zu widersetzen, wenn
diese nicht nach „Vernunft" (*Kherad*) und nicht gerecht handelten. Der ungerechte Staat besaß keine Legitimität. In der sassanidischen Zeit wird dieses Ideal aufgehoben, indem der König
ohne Vernunft walten und regieren kann. Das Recht auf Widerstand ging durch die neuen Denkkonzepte und Regierungs-

strukturen verloren. Bei der Erzählung über ‚Feridoun und Zohhak' sieht man im Schahnameh-Epos, dass das Volk, gesehen vom tradierten kulturellen Status, das Recht hatte gegen Ungerechtigkeit, wenn sie gegenüber dem menschlichen Leben und dem Gemeinsinn, der auf der *Kherad* basierte, ausgeübt wurde, aufzubegehren, sich dem König zu widersetzen und ihn schließlich zu negieren.

Die sassanidische Staatsführung war so angelegt, dass alle Herrscher von der Goshtasp-Familie (der Familie des Königs Vištāspa) stammen mussten. Goshtasp (avestisch: Vištāspa) war der erste König, der den Lehren Zarathustras folgte und deren Verbreitung förderte. Ausschließlich die Angehörigen dieser Familie, die Promulgatoren der zarathustrischen Lehre also, durften Könige sein. „Vernunft" (*Kherad*) war hier zweitrangig, das Widerstandsrecht war damit aufgehoben. Das tradierte Verständnis über das Ideal politischer Kultur blieb trotzdem lebendig. Wie sich uns durch überlieferte textliche Quellen übermittelt, hat Widerstand gegen die Könige der sassanidischen Zeit seitens des Volkes stattgefunden.

Der machtvolle Zeitgott, der ohne Vernunft war, existierte parallel zu einem entfähigten Volk, das mit seiner Vernunft nichts oder kaum etwas anrichten konnte. Die Mehrheit entwickelte zwangsläufig eine Interesselosigkeit gegenüber dem allgemeinen sozialen Leben und politischen Belangen, weil das Leben „geschmacklos" wurde, das hieß: für sie ohne Sinn geworden war, denn jedes Geschehen war ein bloßes Zeitgeschehen und die Resultate von Handlungen, die den gesellschaftlichen Raum betrafen, entbehrten jedes sinnerzeugenden Vernunftaspekts; die *Kharad* (≈ Vernunft) war keine Kraft mehr, die ins Gewebe des Geschehens einwirken konnte.

In der altiranischen Kultur existierte die weibliche Gottheit Ram (die auch Zhi genannt wurde) als Göttin der Zeit: Sie war auch die Göttin der Erkenntnis, der Musik, der Poesie und des

Tanzes. In ihren Gottheitsattributen tritt das Element des Rhythmus hervor, was bedeutet, dass Zeit in dieser Auffassung einen Rhythmus und Harmonie besaß. Ram war in ihrem Wesen *Joft-Gohr* (männlich-weiblich = *Jugh*; die Zoroastrier bezeichnen sie als männlich und die Manichäer als weiblich), und sie repräsentierte auch die „Seele" (*Ravan*) des Menschen, die eine der vier Kräfte der menschlichen geistigen Natur bildete. Die menschliche Natur von ihrer Wurzel her, sah man verkörpert in der Gottheit Bahman, die zuvor Vohuman hieß. Die Gottheit Bahman versinnbildlichte die Mitte in allem Leben – so auch in dem menschlichen –, die alles harmonisierte und verband. Zarathustra eliminierte später dieses Gottheitsprinzip einer harmonisierenden Mitte als Natur des Menschen.

***

Die Auslegung, dass Rostam das Alte verkörpere, das das Neue – verkörpert durch Sohrab – zu überwinden sucht, war die geläufige Interpretationsweise, in der die Geschichte in der sassanidischen Zeit dargelegt wurde. Die ursprüngliche Bedeutung des Mythos wurde durch die zoroastrischen Priester, die „Mubadan", verdrängt.

Sinngemäß lässt sich die Geschichte so zusammenfassen:

Rostam, der große Held Irans, wünscht sich für eine gewissen Zeitspanne lang über ein unendliches Maß an Kraft zu verfügen, damit er Sohrab, den er als Feind betrachtet, der aber in Realität sein Sohn ist, überwältigen kann. Der Sieg über den Feind wird für Rostam zu einer primären und das „Maß" zu einer sekundären Angelegenheit. In dem Moment, in dem ihm sein Wunsch erfüllt wird und ihm eine grenzenlose Kraft zuteil wird, verliert er die Fähigkeit zur Erkenntnis und sieht voller Bestürzung (erst) nach dem Gefecht, dass er seinen eigenen Sohn getötet hat.

Im Zustand der Maßlosigkeit verliert Rostam seine Fähigkeit zu lieben und seine *Javanmardi*. Der Begriff *Javanmardi* bezeichnet ein altiranisches Charakterideal, auf das wir an anderer Stelle noch zurückkommen wollen. Das persische Wort „*Javanmardi*" kann im Deutschen am besten mit dem Wort „Großmütigkeit" übersetzt werden.

In der Vorstellung der altiranischen Kultur ist ein Mensch in seinem dunkelsten, verborgenen und tiefsten inneren Wesen in sich harmonisch und verfügt in diesem Sinne über ein inneres „Maß". Ein „Maß" so wie es im Bild des *Gardune*, des Ochsen- oder Pferdegespanns, verkörpert ist, wo ein sogenanntes *Jugh* das Gespann als Paar bindet. Das *Jugh* ist die Kraft, die die zwei Tiere – als figuratives Bild für zwei Kräfte oder Prinzipien, für zwei verchiedenartige Wesen und überhaupt: Anderes) – zu einer „Einheit" macht. Der Begriff des *Jugh* ist inhaltlich mit dem indischen Wort *Yoga* verwandt, das uns im Westen als harmonisierende Meditationstechnik geläufig ist (in Sanskrit *Yoga, Yug, Jug*; in der Avesta *Yaog*).

Der Mensch muss sich das *Jugh*, das in der inneren Verborgenheit wirkt, ins Bewusstsein bringen, was soviel heißt wie mittels Erfahrungen ein „Maß" in sich zu entdecken. Wenn ein Mensch durch ein übermäßiges Wollen aus seinem bewussten „Maß" heraustritt, verliert er seine Liebesfähigkeit, entwickelt letztendlich Listen (und andere Ersatzhandlungen) und greift auf die Ungroßmütigkeit zurück. Lieblosigkeit und Listigkeit sind Resultate des Verlustes am inneren Maß. Im dem Sinne sind alle Verwirrungen in der Gesellschaft, der Politik, usw. Resultate eines Verlusts am „Maße" (der Koordinierung von Menschen untereinander oder von Kräften). Es genügt nicht zu predigen, zu verbieten oder mit Bestrafungen oder Qualen in einer jenseitigen Welt zu drohen, um die aus dem Mangel an „Maß" resultierenden Probleme zu lösen, sondern das innerste Maß in einem einzelnen Menschen – d.h. das eigene Bewusst-

sein über die Wichtigkeit des inneren Auswägens – muss bei
Menschen erweckt und individuell erlangt werden.

Der altiranischen Sichtweise zufolge steht die Gesellschaft im
ständigen „Dialog" miteinander. Dieser „Dialog" wurde als
„*Hamporsi*" bezeichnet. Die Gesellschaft gelangt mittels des
Ham-porsi (≈ Dialog) zu ihren Lösungen, und ist mittels des
Hamporsi (≈ Dialog) miteinander verbunden. Der Begriff
Hamporsi setzt sich zusammen aus „*ham*" – dem Miteinander –
und dem Morphem „*porsi*" (das Verb *porsidan* ist hiermit
verbunden), was bedeutet „zu suchen" und auch „besorgt zu
sein". Man kann das Wort *Hamporsi* ungefähr übersetzen als ein
„miteinander das (ideale, bessere, usw.) Leben und Zusammen-
leben suchen" und ein „füreinander Sorge tragen" [3]. In den
politischen gesellschaftlichen Zusammenhängen trug *Hamporsi*
die Bedeutung: „gemeinsam für die Angelegenheiten des Zu-
sammenlebens Sorge zu tragen."

Mit der Konzentrierung der Gewalt über Gebote und Verbote in
der Hand eines Regierenden, geht das „Maß" in der Gesellschaft
verloren. Soweit ein Staat eine harmonisierende Rolle spielt, ist
gerechtes Handeln möglich, aber jenseits des Strebens nach
Harmonisierung mündet die Herrschaft eines Staates in Ungerechtigkeit. Irrationalität und Unvernunft resultieren immer aus
dem Verlust am „Maß" – im Inneren des Einzelnen und auch
innerhalb einer Gesellschaft.

Der spezifische Teil der Geschichte, dass Rostam sich von Gott
(d.h. von der für ihn relevanten Gottheit seiner Zeit und Kultur)
ein Über- oder ein ‚Unmaß' an Kraft erbittet, ist von den
Editoren des Schahnameh-Epos häufig als spätere, gefälschte
Hinzufügung eingestuft worden. Die Stelle ist aber keine
Textverfälschung, sondern die Meinung, hier würde es sich um
eine gefälschte Stelle handeln, basiert auf einem mangelnden
Wissen über die ursprüngliche Wichtigkeit des Begriffes des

„Maßes", wie er einst eine Rolle in der altiranischen Kultur spielte.

Die fragliche Textstelle in der Geschichte lautet sinngemäß übersetzt [4]:

> Ich hörte, dass Rostam am Anfang so viel Kraft von Gott empfangen hatte, dass wenn er über Steine ging, beide Füße in den Steinen stecken blieben und er sich die Füße daran verletzte, und er hat Gott weinend den Wunsch erklärt, dass er weniger Kraft haben möchte, damit er frei laufen kann. So hat Gott Rostams Kraft reduziert, aber als Rostam den Kampf gegen Sohrab verlor und sein Herz im Innern litt, wendete sich Rostam nochmals an Gott und bat, dass er jene besondere Kraft nur für eine kurze Weile wieder erlangen könne. Gott gab ihm diese Kraft, und vermehrte so in ihm die Kraft wieder, die er einst reduziert hatte.

Rostam kann sich aus Mangel an Harmonie – denn die Füße stehen, wie wir sehen werden, hier für das verbindende Element des *Jugh* (das „Maß") –, aus dem Mangel an einem „Maße" seiner Kraft, nicht frei bewegen, weil er durch seine eigene Stärke sogar mit den Füßen in die Steine über die er läuft hinein dringt oder in dem Sinne in die Steine und Felsen hinein tritt. Er kann dadurch nicht normal laufen und sich nicht frei bewegen.

Der Held Rostam ist in dieser Geschichte eine Gestaltnahme oder ein Abbild des altiranischem Urgottes Bahram. Der Gott Bahram und die Göttin Artha, die auch durch Simorgh verkörpert wird, waren ein weiteres und besonders zentrales Sinnbild eines *Jugh*, d.h. eines im transzendenten Sinne verbindenden Elementes. Bahram und Artha waren ein ge- oder verbundenes Paar, in der Weise etwa wie das fernöstliche Yin und Yang. Zarathustra hat später die Idee, die sich in den Göttern Bahram und Artha ausdrückte, abgeschafft. Der Gott Bahram (auch Varethraghni oder Veretragna) war der Gott der Füße, das

hieß: der Gott des Prinzips des Wanderns und der Bewegung
(Pa-Bagh = Babak). Man sah ihn auch als den Patron der
Reisenden, weil das Wandeln eines seiner Attribute war. Der
Gott Bahram wurde später auch Babak genannt, was teilweise
auch als Pabagh tradiert wurde. „*Pa*" heißt auf Persisch
„Fuß" und „*bak = bagh* " ist auf Persisch ein Wort für Gott.
(„*Pa*" – also der „Fuß" – ist im persischen Sprachraum auch
eine Messeinheit gewesen – die sich aber mehr aus der Gleich-
mäßigkeit des Laufens oder Schreitens ergab, als dass sie sich
auf die eigentlichen Fußlänge bezog.) Die Göttin Artha wurde
auch als *Vay-e Beh* (das heißt etwa „guter Wind") bezeichnet.
Sie bildete im Zusammenhang mit dem Gott Bahram den anderen Fuß in dieser bildhaften Deutung über das *Jugh* als der
Gebundenheit dieser Götter; und schließlich konnte man nur
durch die Harmonie der Füße laufen oder sich bewegen. Der
Gott Bahram versinnbildlichte auch das Prinzip des Bündnisses
und des Vertrages („*Peyman*" im Persischen und „*Patman*" im
Kurdischen heißt „Vertrag" und „Maß"). Die beiden Gottheiten
Bahram und Artha wurden auch als Teil der innersten Natur des
Menschen angesehen: Der Mensch war aus einem Samen he-
rausgewachsen und der Same war eine Zusammensetzung aus
den beiden Gottheiten Bahram und *Simorgh*.

Die Erzählung über Rostam und Sohrab weist auf ein humanes
Problem hin. In der Geschichte erfahren wir, dass ein Mensch an
sich über ein inneres Maß verfügt. Rostam kommt zur Einsicht,
er *sieht* und er erkennt schließlich. Und das heißt, der Mensch
hat ein „Bewusstsein des Maßes", das er durch seine Erfahrungen entwickeln und realisieren kann. In der eigenen Erpobung
und durch das Versuchen kann ein Mensch erkennen, dass etwas
aus dem Maß, also aus der Balance geraten ist. Durch das
„Übermaß" kann der Held Rostam sich nicht bewegen.

Das Symbol des *Jugh* bedeutet auch, dass jegliche Schöpfung
(Leben = *Zhi* = *Jugh*) nur durch Harmonie entstehen kann, und
das schöpferische Handeln eines Menschen bedarf gleicher-

maßen dessen innere Harmonie. Das persische Wort *Niru*
bezeichnet diese innerlich harmonische Kraft. Ohne Harmonie
fehlt die Basis jeder Bewegung (*Niroomandi*), jedes Schöp-
fungsakts, jeder Arbeit und Tätigkeit und damit auch der Freude
und des Festes (*Ğašn*) [5]. Der Mensch ist ein „Same des
Maßes" und das „Maß" selbst ist ein Ausdruck des Vertrags und
des Bündnisses. „Recht" ist im Menschen verankert, weil
Gesellschaft und Leben in einem miteinander korrespondieren-
den Zusammenhang stehen.

Die Idee der Harmonie fand auch Form in der altiranischen
Vorstellung über die Bauart des Menschen als gleich seiend wie
die Bauart oder die Beschaffenheit des Kosmos. Die Körpersäfte
und die Glieder des Körpers sah man als etwas harmonisie-
rendes. Alle Götter waren direkt an der Zusammensetzung jener
Beiträge beteiligt, die das ‚eigene Wesen' eines Menschen aus-
machten. Jedes Glied oder jeder Teil des Körpers war „ein Teil
Gottes", und das Schaffen der Götter war in dem Sinne gemein-
schaftlich, weil sie von ihrem eigenen Wesen beitrugen und sich
innerhalb jedes Menschen vermischten und harmonisierten. Das
menschliche Leben bildete so die Verkörperung der Harmonie –
des „Maßes" – der Götter.

Der ursprüngliche Glaube im alten Iran war, dass die *Kharad,*
eine Vernunft die sich keiner Gewalt oder List bedient, innerhalb des ganzen Körpers verteilt ist. Man sah die *Kharad* als das
Resultat einer Harmonie des Körpers und nicht als auf den Kopf
reduziert an. Ebenso wurde der Geist des Menschen als not-
wendigerweise harmonierendes Miteinander von vier Kräften
betrachtet. Später verschwanden diese Auffassungen und man
sah den Kopf als Zentrum des Geistes. Mit der Auffassung des
Kopfes als den Sitz des Geistes und als zentrales Körperorgan
folgte unweigerlich auch die Ansicht, dass der Herrscher die
Verkörperung des Kopfes und der Rationalität ist.

In der altiranischen Gedankenwelt schufen die Götter miteinander in Harmonie, d.h. die Kraft der Schöpfung war eine verteilte. Zarathustra läßt im Bundahischn seinen Hauptgott Ahura Mazda in Mitarbeit mit den Amschaspandan (oder Amescha Spentas) die Welt und das Universum erschaffen. Die Amschaspandan waren sechs andere zoroastrische Gottheiten, die im Laufe der Zeit in einer Hierarchie dem Hauptgott Ahura Mazda als seine Gehilfen untergeordnet wurden. In der ursprünglichen Götterwelt des alten Iran waren es dreiunddreißig Götter gewesen, die den Kosmos, die Zeit und die Welt miteinander schufen. In diesem Punkt unterscheidet sich die altertümliche Götterwelt Irans vom Olymp der Griechen, weil unter den griechischen Göttern ganz anders das Kampfeselement kennzeichnend war.

...

[1] Mit der Bezeichnung „altiranische Kultur" ist hier ein Kontinuum gemeint, das nicht ausschließlich die Kultur im Zeitraum vor dem Auftreten Zarathustras umfasst, sondern gemeint ist die Kultur, die vor Zarathustra existierte und die von dieser Vergangenheit ab in verschiedenen Formen überlebte und in der Mehrheit des Volkes mit ihren tiefliegenden Wurzeln und ihrer Wirksamkeit überliefert wurde.

[2] Eine andere Bezeichnung von *Andazeh* in Pahlavi ist *Handaa + Jak*. Diese Bezeichnung bestätigt und erhellt den Ausdruck: Der Begriff *Handaa + Jak* bedeutet in Pahlavi „Mutterleib" und „Quelle des *Jugh*".

[3] Verwandt mit dem Wort „*Porsidan*" ist das geläufige Wort „*Porse*", was eine Bezeichnung für den „Krankheitsbesuch" und die „Kondolenzbekundung" ist.

[4] Diese Stelle lautet in der Übersetzung von Warner & Warner in ihrem Kontext folgendermaßen:

In part through confidence, in part through fate,
In part no doubt through magnanimity,
Suhrab let Rustam go, turned toward the plain,
Pursued an antelope that crossed his path,
And utterly forgot his recent foe.
When he was far away Htiman came up
As swift as dust and asked about the fight.
He told Human what had been said and done,
Who cried: "Alas! young man! art thou indeed
So weary of thy life? Woe for thy breast,
Mien, stature, stirrups, and heroic feet!
The mighty Lion whom thou hadst ensnared
Thou hast let go and all is still to do.
Mark how he will entreat thee on the day
Of battle owing to thy senseless act.
A king I once spake a proverb to the point:-
'Despise not any foe however weak.'"
He took the very life out of Suhrab,
Who standing sorrowing and amazed replied:-
"Let us dismiss such fancies from our hearts,
For he will come to fight with me to-morrow,
And thou shah see a yoke upon his neck."
He went to camp in dudgeon at his deed.
When Rustam had escaped his foeman's clutch
He was again as 'twere a mount of steel.
He went toward a rivulet as one
Who having fainted is himself again.
He drank and bathed, then prayed to God for strength
And victory, not knowing what the sun
And moon decreed, or how the turning sky
Would rob him of the Crown upon his head.
The tale is told that Rustam had at first
Such strength bestowed by Him who giveth all
That if he walked upon a rock his feet
Would sink therein. Such puissance as that
Proved an abiding trouble, and he prayed
To God in bitterness of soul to minish
His strength that he might walk like other men.
According to his prayer his mountain-strength
Had shrunk, but face to face with such a task,
And pierced by apprehension of Suhrab,

He cried to God and said: "Almighty Lord
Protect Thy slave in his extremity.
O holy Fosterer! I ask again
My former strength."
God granted him his prayer,
The strength which once had waned now waxed in him.
He went back to the field perturbed and pale
While, like a maddened elephant, Suhrab,
With lasso on his arm and bow in hand,
Came in his pride and roaring like a lion,
His plunging charger flinging up the soil.
When Rustam saw the bearing of his foe
He was astound and gazing earnestly
Weighed in his mind the chances of the fight.
Suhrab, puffed up with youthful arrogance,
On seeing Rustam in his strength and Grace,
Cried: "Thou that didst escape the Lion's claws!
Why com'st thou boldly to confront me? Speak!
Hast thou no interests of thine own to seek? "

Warner, Arthur George and Warner, Edmond: *The Shahnama of Firdausi*, London, Kegan Paul, Trench, Truebner and Co, 1909, Volume II, PART III, SUHRAB: Part 18, p 174-172. Vgl. The Princeton Shahnama Project, http://www.princeton.edu/~shahnama/ (abgerufen am 28.4.2007).

[5] Dem Fest (*Ğašn*) kam in der altiranischen Kultur eine besondere Bedeutung zu, über die wir an anderer Stelle noch ausführlicher Sprechen wollen.

Eine freie Übertragung eines Auszugs aus:

مولوی بلخی

« مطربِ معانی »

رستاخیز_ « رام » ، فرزند سیمرغ

von Manuchehr Jamali, London, 2004

Molavi Balkhi (Rumi) und die Wiedererscheinung von Simorghs Tochter Ram, der Göttin der Musik, des Tanzes, der Dichtung und der durch die Suche und eigenen Erprobung erlangten Erkenntnis

> Ich bin *Tarab* - ich bin *Tarab*
> und die Venus ‚spielt meinen Klang'
> - Molavi (Rumi)

Das persische Wort „*Tarab*" bedeutet die höchste Art der Freude, die einen Menschen leicht und schwungvoll macht. Molavi erlebt sich als solch eine Freude, die sich im gesamten Werk seiner Lyrik im Tanze, Jubel und Taumel befindet. Jede schwerwiegende Idee und jeder enge Begriff wird in seiner Dichtung in Schwingungen versetzt. Die Venus, die einst Luzifer war, die mit Satan gleichgesetzt und als Staaten-zerstörende gefürchtet wurde, ist die Göttin, die in Molavis Lyrik häufig vorkommt, was in der persischen Dichtung einmalig ist. Molavi betrachtet die Venus als seinen geistigen Stern.

> O Venus, O Mond (= Simorgh). Aus Euren flammenden Gesichtern macht ihr meine beiden Augen zu zwei Flammen.
> O Du, *Tarab*, Schöpfer meines Herzens,
> Du beschäftigst meinen Geist vollständig.

Solch eine Persönlichkeit – Molavi – schreibt in seinem
Mathnawi über die Geheimnisse der Liebe, aber er spricht sich
dort aus in anderen Personen, anhand der Geschichten anderer
und aus derer gelebter Perspektiven. Im Mathnawi bleibt Molavi
zurückhaltend und kommt dem gläubigen Moslem entgegen. Er
findet aber immer Gelegenheiten die Grenzen zu überschreiten
und geht mit Leichtigkeit wieder in die gemäßigte Haltung
zurück. In seiner Lyrik verliert er die Zurückhaltung und bricht
aus sich heraus, vulkangleich, indem er direkt spricht, alles
direkt sagt. Sein tiefstes Innerstes befindet sich in seiner
Dichtung im Jubel und Tanz. Ein aus dem Dunklen quellender
Kanal oder die Wasser der *Kariz* – das ist das Kanal- und
Brunnensystem, mit dem man schon Jahrhunderte lang tradi-
tionell im Iran die Bewässerung betreibt, und mit dem Molavi
oft die Menschen vergleicht – brechen in seiner Lyrik hervor
wie ein Ozean der Wahrheit.

> Die Wogen – der Ozean der Wahrheiten, die den Berg Ghaf
> umschlingen
> springen aus uns, weil wir die *Kariz* sind

In der frühen iranischen Kultur glaubte man, dass an dem Ort,
an dem der Baum des Lebens im Ozean wächst, und auf dem
Simorgh als Ähre des Baumes nistet, unzählige tiefe Kanäle
(*Karizan*) liegen, die zu allen Bäumen auf der Welt führen. Das
heißt, dass alle Menschen – die Samen Simorghs sind – direkt
vom Gott (Simorgh) mit Wasser versorgt werden. Die Erkenntnis jedes Menschen gleicht einem *Jugh* (Gebundenheitsform) als
einer Vereinigung von Gott, der das Wasser ist, mit dem Samen,
der der Mensch ist. Dieses mythische Bild umfasst auch die
Ursprünglichkeit jedes Menschen: Der Mensch als ein Same der
Ähre Gottes, wird unmittelbar vom Ozean Gottes bewässert. Für
Molavi ist das Leben deshalb in dieser Welt schon die andau-
ernde Umarmung des Menschen mit Gott.

Es ist der Tag der Vereinigung
und die Geliebte ist gegenwärtig.
Warte nicht auf eine zukünftige Zeit,
das *Daf* (Tamburin) sehnt sich nach dem Schlag
und die Flöte wünscht sich die Lippen, die in sie blasen

Molavi nimmt eine rebellische Haltung ein gegen das indirekte Sagen, die versteckte Fröhlichkeit, das versteckte Lachen, den versteckten Tanz, und er jubelt das Geheimnis seines Innern freimütig hinein in alle Öffentlichkeit. Die *Venus, die identisch ist mit Ram, der Göttin der Musik, der Dichtung, des Tanzes und der Erkenntnis in der altiranischen Kultur ist,* und die das erste Erscheinen Simorghs darstellt, ist in ihm zum Klang gekommen und tanzt und verkündet sich fröhlich.

Meine Venus im Himmel schreitet auf andere Weise –
im Herzen, und wandelt in den Augen wie ein Blick umher

Die Venus oder Ram verkörperte in der altiranischen Kultur die Seele (*Urvan*) des Menschen und einen Teil jedes menschlichen Seins. Das Innere des Menschen wurde in dieser Kultur als eine aus vier Kräften bestehende Einheit gesehen, die durch einen vierflügeligen Vogel dargestellt wurde. Dieses Innere des Menschen, von dem ein Teil, d. h. genauer ein Flügel, die Seele (*Urvan*) war, stellte als Ganzes das Prinzip der ‚Himmelfahrt' (oder bzw. des Flugs zum Himmel) und der fröhlichen Erkenntnis dar. Venus und Simorgh (Ram) waren somit selbst in jedem Menschen anwesend, und jeder Mensch konnte durch den himmelfahrenden Seelenvogel Erkenntnis und Freude am Leben erlangen, zu Simorgh fliegen und sich mit der Gottheit vereinigen. Dies war keine einmalige Erfahrung und auch nicht nur einmal im Tode oder im Sterben möglich, sondern der menschliche Seelenvogel (*Farvahar* oder auch *Fravaschi* bzw. *Frah waschi*, das Prinzip der Metamorphose) befand sich im dauernden Hin- und Herflug.

In Molavis Lyrik erfährt diese Sicht auf die Natur des Menschen
eine Neuerstehung. Molavi war in der Stadt Balkh geboren, ein
Ort an dem sich Tempel dieser frühen Gottheit (in Gestalt der
Göttin *Shade*, Gottheit des Hochzeitfests und der Hochzeits-
freude) befanden. Wir sehen die Neugeburt der Göttinnen der
Freude – Venus und Simorgh – wenn Molavi beispielsweise
sagt:

> Wir haben im Leben die Freude entfacht,
> und wenn die ganze Welt zerstört wird, wir werden die Welt mit
> dieser Freude wiedererrichten.

***

Das Lehrgedicht Molavis, das Mathnawi genannt wird, beginnt
mit dem *Bang-e Nay*, der Melodie, dem Klang oder dem Spiel
der Flöte. Kein Buch außer Molavis Mathnawi hat nach der
Eroberung Irans durch den Islam jemals mit dem *Sorud* – einem
Gedicht das auch Musik ist – insbesondere mit dem Gesang der
Flöte begonnen, und das versetzt uns in Erstaunen. Es ist nicht
bloß das Buch, das Molavi hier mit der Flöte beginnen läßt,
sondern Molavi vergleicht sich selbst mit dieser Flöte und ihrer
Melodie, und nicht zuletzt ist mit diesem Bild das Menschsein
im Ganzen gemeint. Molavi beschreibt sich als die *Nay*, die
Flöte – der Mensch selbst ist diese Flöte. Aber warum setzt er
den Menschen in dem Eingangsvers des Mathnawi mit dem
Instrument gleich? Das älteste Manuskript des Mathnawi in
Konya beginnt mit dem Vers:

> Höre von dieser Flöte, wie sie erzählt,
> die von den Trennungen klagt

Die Flöte, die von Trennungen klagt, ist der Dichter. In der
simorghischen Kultur wurde der Mensch als Flöte (*Uz*) dargestellt und auch Herodot erwähnt in seinen Schriften, dass die
Sakka, die in Sistan lebten, die Menschen ‚*Uz*' nannten (viertes

Buch). In dieser Kultur wurde Gott als ‚Uz' (‚Huz', ‚Us'), als
Flöte, bezeichnet und wir dürfen nicht vergessen, dass das Wort
Sufi sich auch auf „die Flöte" bezieht.

Die Orientalisten haben in ihren Forschungen verschiedene Vermutungen über die Herkunft des Wortes ‚Sufi' angestellt. Viele
nehmen an, dass ‚Suf' wollene Bekleidung ist oder tappen ähnlich um derartige Vermutungen herum, aber in Persien heißen
der Bambus (und die schilfrohrartigen Gewächse) und die Flöte
Suf und dem Bundahischn zufolge (der Schöpfungsgeschichte
Irans, Kapitel 9/118) gab es Kleider, die aus den Fasern der
Schilfrohrgewächse hergestellt wurden. *Sufi* bedeutet aber nicht,
dass sich einer Kleider aus Bambusfasern angezogen hat.

Für „Flöte" und „Frau" existierten im Persischen u.a. identische
Bezeichnungen: *Kannaa* = *Ganyaa* = *Kanyaa*, das bedeutet ‚jun-
ge Frau' und auch ‚Flöte' (H. F. Junker, Frahang i Pahlavīk).
Das Spiel der Flöte repräsentierte „das Zustandekommen der
Welt" und „das Zustandekommen des Kindes in der Welt". Die
Schöpfung der Welt wurde mit dem Gesang der Flöte und dem
Fest gleichgesetzt; das ‚zur Welt Kommen', das Seien und das
Werden (die Geburt) ist eine Freude und ein Fest – die ganze
Lebensauffassung dieser Kultur fundierte auf dieser Art der Na-
talitätsbedeutung.

Flöte und der Flötenspieler bildeten eine Einheit in der das Spiel
– die Melodie und der Musizierende – nicht in ihren Kausalitäts-
zusammenhängen betrachtet wurden, sondern in ihrer miteinan-
derschöpfenden Gebundenheitsform, als ein sog. *Jugh*. Der
menschliche Körper selbst wurde als eine Flöte (*Nay*) und das
menschliche Leben (*Ğān*) als ein Flötenspieler gesehen, und
diese beiden verhielten sich gleichermaßen in der besonderen
Gebundenheitsform eines *Jugh* (einer schöpferischen Verbindung) zueinander.

Dieser Gedanke drückt sich in Molavis Lyrik aus. Er selbst war die *Nay*, die sang oder spielte, und er war nicht bloß einer, der eine *Nay* zum Klingen brachte. Die Bezeichnung *Nay-e Beh*, „die gute Flöte", war auch ein Name Simorghs, der Gottheit, die gleichzeitig Flöte wie auch Flötenspielerin war.

Vor diesem Hintergrund betrachtet – dass einerseits im Persischen das Wort ,*Suf* „Bambus" und „Flöte" heißt, und andererseits, dass die kulturgeschichtliche Bedeutung der Flöte und ihres Spiels markant ist – kann man davon ausgehen, dass *Sufi* „Flötenspieler" oder „Sänger" bedeutete, vergleichbar etwa mit dem Barden im Deutschen. Das deutsche Wort Barde könnte sogar ein entferntes Lehnwort des persischen Wortes ,*Bardi*' sein, das auch ,Flöte', ,junge Frau' und ,*Sang*' (ein Begriff der gleichbedeutend ist wie *Jugh* und die ,Hörnern des Rindes') bedeutet. Und zuletzt muss ,*Sufi*' außerdem auch ,Festemacher' bedeutet haben, weil das persische Wort *Ğašn* (*Jasna* = *Yaz* + *Nay*), das Fest, soviel wie „der Gesang der Flöte" heißt. *Yazdan*, ein Begriff für Gott, trug auch die Bedeutung „Flötenspieler", und das Wort *Jaz* (= *Yaz*) heißt im Schuschtari-Dialekt „Bambus".

Die linguistisch dichtliegenden und komplexen Bedeutungszusammenhänge denen wir begegnen, machen für uns erkennbar, warum die Substanz von Molavis Werken, seiner Ideen und Wallungen, durch den „Gesang der Musik" bestimmt sind. Es ist dieser Gesang und dieser Klang, in dem das tiefe Innere des Menschen zur Dichtung wird, zum Gedanken und zu Worten. Alle Gedanken Molavis entstehen aus dem Klang dieser Flöte. Seine Gedanken sind tanzende Ideen, sind Tanz der Sinne, und alle seine Gedanken fließen über mit der Freude und der Fröhlichkeit der Musik.

Man kann durch eine umfassendere Einordnung im Voraus erkennen, dass die Gedankenwelt Molavis weder von Plotin herrührt, wie R.A. Nicholson behauptet hat, noch von Muhyiddin

Ibn Arabi. Die Orientalisten haben keine Erkenntnisse über die altiranische *simorghische* Kultur, weil diese Kultur in den zoroastrischen Texten eliminiert oder zumindest völlig verdunkelt und zur puren Fabel herabreduziert wurde.

***

> *Tarab manam, Tarab manam,*
> *Zohre zanad nawaye man*
>
> Ich bin die Freude
> und die Venus stimmt meine Melodie an

Diese Verszeile ist reich an gedanklicher Substanz. Venus, die „*Raam-Tchiet*" (oder *Ram-Čīt*) ist – das heißt, die „Ram, die Flötenspielerin" ist – verkörpert die menschliche Seele (*Urvan*).

Das Wort „Venus", wenn ihm auch im Lateinischen eine eigene Bedeutungen beigemessen wird, könnte im Persischen vom Wortlaut her: *Vanhu + Us* oder auch *Van + Us* gewesen sein, was „die gute Flöte" hieße, und es ist relativ wahrscheinlich, dass das Wort von dieser sprachlichen Wurzel her stammt. Molavi bringt die Venus in seiner Lyrik mit der Flöte in Verbindung. Das Wort *Tschiet* heißt noch heute in einigen Dialekten Persiens „Flöte", und in der Umgangssprache im heutigen Teheran, bezeichnet *Tschiet* einen Kleiderstoff für Frauenkleider.

Irans Gottheiten teilten von ihrem Wesen her alle den Charakter der Ähre (*Khusche*), die sich verstreut und verteilt (*Afschandan*) und alle diese Teile machen wiederum ein Ganzen aus, welches das göttliche Prinzip darstellt. So ist die Zusammenkunft aller Seelen, die zugleich Flöte und Spiel der Flöte sind, ein göttliches Ereignis.

Das Wort „Derwisch", der Name mit dem man die Sufis im Iran auch bezeichnet, kommt von der sprachlichen Wurzel: *Dri-*

Ghosh, was ‚drei Ähren' und ‚drei Vögel' bedeutet (wie ‚Si-morgh', das auch die Bedeutung „drei Vogel" trägt.). [1]

Der Luftstoß, der durch die Flöte geblasen wird, wurde in Persien mit dem Klang der Flöte gleichgesetzt; effektiv wurde der „Atem" der Flöte mit der Melodie gleichgesetzt. Der Gott in den abrahamitischen Religionen „haucht in den Menschen", in der altiranischen Kultur bedeutete der Hauch aber gleichzeitig auch Musik – die aus dem ‚Hauch' und dem Klang besteht. Der „Atem" der *Nay*, der den Klang der *Nay* mitbildet, macht das Wesen der Wahrheiten in Molavis Mathnawi aus, und dieser „Atem" ist die Essenz der Liebe und die Essenz des Festes (*Djaschn*).

Molavi sagt nicht, dass er denkt und deswegen „ist", sondern er sagt: ich bin eine selbst-klingende, selbst-singende Flöte, und meine Seele, die in der Venus oder in der Göttin Ram teilhaftig ist, ist durch diese Melodie angeregt zum Ursprung zurück-zukehren, dorthin wo alle Seelen sind, wo alle Flöten erklingen und zum Fest zusammenkommen. *Nayestan* – das ist dort, wo der Bambus (die Schilfrohre usw.) oder auch „die Flöten" dicht wachsen – ist der Ort, an dem die Seelen sich treffen und es ist der Ort der Vereinigung mit Ram. Der Gesang der *Nay* weckt die Liebe zum Ursprung des inneren Selbstwachstums. Der Mensch wird durch sein Teilhaben an seinem eigenen Ursprung (Venus, Ram oder *Neyestan* als der Ursprung) freudvoll und schöpferisch:

> Bis meine Seele zur Quelle freudvoller Erkenntnis für alle Menschen
> wird

Das Gedicht mit dem Molavis Mathnawi beginnt, wird aus der Perspektive vieler Moslems so verstanden, dass Allah meta-phorisch betrachtet in die *Nay* des Wesens Molavis, als eine allgemeine Analogie für den Gläubigen, haucht oder bläst. Der Islam akzeptiert aber die Vorstellung Gottes als Musiker oder

Festemacher nicht. Der fragliche Vers wird normalerweise, in Abweichung vom ältesten Mathnawi Manuskript, abgeändert wiedergegeben, und zwar wird aus:

Besch'nou az Ney

Höre von der Flöte, die ... [als Ausgangspunkt; die selbst spricht]

Besch'nou in Nay ...

Höre die/diese Flöte, die ... [als Subjekt, über das gesprochen wird]

Diese minimale aber wichtige sinnverändernde Abweichung in den Folgeabschriften produziert einen subtilen Wechsel der Perspektive. Die abgeänderte Stelle vermittelt eine perspektivisch indirekte Aussage, die soviel heißen kann wie: Gott könnte hier durch die *Nay* – jeden Menschen – sprechen; dass Gott in jeder *Nay* seine Stimme erhebt. Das Bild der *Nay* wird eine Analogie für den gläubigen Menschen als Subjekt Gottes oder könnte eine Analogie für (irgend-)ein Medium sein. Während die Stelle, wie sie im ältesten Manuskript steht, vermittelt: *Beschenou az Nay* – der Schwerpunkt liegt hier auf persisch „az" also „von" als Herkunftsort. Und zwar ist der Ausdruck hier ein „Ich rede!" (d.h. Molavi redet) Höre von der *Nay* (die folglich spricht); also eine Stimme, eine Instanz die *selbst* redet.

Am Anfang mochte es uns scheinen, dass Molavi den Menschen oder sich selbst rein metaphorisch mit einer Flöte vergleicht, dass sein Mathnawi also mit einem dichterischen Sinnbild beginnt. In der iranischen Literatur ist solch ein Bild, nach der Herrschaftsübernahme durch die islamische Religion, aber eine auffällige Ausnahme, und liegt in gewisser Weise da, wie der Findling in der Flachebene, der durch die Gezeiteneinwirkungen von irgend einem einstigen Gletscher aus einem entfernten Ge-

birge per Zufall hierher geworfen wurde. Dieses außergewöhn-
liche Bild der *Nay* und ihres Spielers bei Molavi legt uns nahe,
uns zu fragen woher solch eine Bildsprache eigentlich kommen
kann, d.h. ob dieses Bild also eine tieferliegende Bedeutung in
der Vergangenheit der iranischen Kultur hat. Die Anziehungs-
kraft selbst, die diese bildliche Botschaft Molavis für viele
Iraner besitzt, mag auf eine im Vergangenen liegende Tradition
hinweisen.

In dem Vers der das Mathnawi eröffnet, begegnen wir zwei wesentlichen Kernaussagen: Dass der Mensch, und ebenso *der
Ursprung der Welt*, Gott, als *Nay* betrachtet werden. Das älteste
überlieferte Manuskript von Molavis Mathnawi beginnt tat-
sachengemäß mit dem Gesang dieser Flöte, und nicht mit dem
Koranvers, mit dem üblicherweise alle anderen persischen
Bücher dieser Zeit beginnen.

Der Gesang und die Melodie der *Nay* ist voller eigener Dynamik
und initiierend. Die Flöte schöpft etwas (eine Melodie, etc.) –
sie ist der Wehklang darüber, dass Menschen ihre Ursprünglichkeit verloren haben – und sie entfacht die Sehnsucht und den
Wunsch zum *Nayestan*, dem Gefilde des „Festes" zurückzu-
kehren.

***

[1] Vogel (*Morgh*) heißt im Huzvarisch ‚*Tanguria'*. Dieses Wort
bedeutet ‚Ursprung' oder sinngemäß „die Wiederauferstehung
gebärender Mutterleib". Das abgekürzte Wort ‚*Tangar*' war
auch die Bezeichnung des Gottes.

Die Autoren

Manucher Jamali, geboren am 7. Januar 1929 in Kaschan im Iran, absolvierte ein Studium der Physik an der Universität Teheran mit dem Abschluss als Diplomphysiker. In Deutschland studierte er Philosophie, Religionswissenschaften und Soziologie an den Universitäten München, Tübingen, Köln und Frankfurt (u.a. bei den Professoren Horkheimer und Adorno an der Goethe-Universität Frankfurt/Main).

Im Exil lebend publiziert er philosophische und kritische Schriften, die im Ausland auf die Chance der Selbstentdeckung Irans durch eine kulturelle Renaissance hinweisen.

Im Iran dürfen seine Publikationen wegen der Infragestellung kultureller und religiöser Unterdrückungsmechanismen offiziell nicht gehandelt oder erworben werden. Wegen seiner freiheitlichen Gedanken und seiner regimekritischen Haltung wurden sein Haus und sein Landbesitz im Iran konfisziert.

Gita Yegane Arani-May, geboren 1968 in Frankfurt am Main, studierte Englische Philologie, Amerikanistik und Afrikanistik. Sie arbeitet als Herausgeberin kulturell, politisch und ethisch ausgerichteter Internetseiten und in diesem Rahmen auch als Übersetzerin.